KB176358

알면 자산이 되는
부동산 상식 사전

Real
Estate

최용규 지음

알면 자산이 되는
부동산
상식
사전

대한민국에서 주거복지는 매우 중요한 문제입니다. 인간 생활의 세 가지 기본요소인 의식주 중에서도 가장 편차가 심하기 때문이죠. 국민 절반은 주택을 소유하고 있지만, 나머지 절반은 남의 집에서 임대로 생활을 하고 있습니다.

대부분 사람은 대학생 시절부터 사회초년생, 신혼부부에서 중장년에 이르기까지 평생에 걸쳐 부동산 거래를 합니다. 집을 임차해 살아가다, 내 집을 마련하고, 그러다 투자를 통해 부를 늘리기 위한 수단으로 반드시 부동산 거래를 직접 하게 되는 거죠.

그런데 막상 계약서를 쓰고 큰돈이 오가는 과정에서 이해할 수 없는 용어가 수두룩하게 등장합니다. 또 세금이나 규제는 아무리 찾아봐도 도통 무슨 말인지 알 수가 없습니다. 그런데 이런 고민을 하는 부동산 왕초보 부알못 씨를 위해 거래의 전 과정을 차근차근 친절하게 설명해주는 책이 있다면 어떨까요?

《알면 자산이 되는 부동산 상식 사전》은 부동산 지식이 전혀 없는 초보자도 쉽게 이해할 수 있도록 하려고 각 거래 단계별로 목차를 구성했습니다. 특히 독자가 처한 상황에 따라 원하는 부분만 골라서 볼 수 있는 점이 커다란 장점입니다. 실제 부동산을 계약하는 과정과 똑같이 발맞추어 콘텐츠가 실려 있습니다. 부동산 계약을 앞두고 꼭 확인해야 할 내용을 담았습니다. 이 책을 통해 평생의 필수과목인 부동산에 대한 궁금증을 해결하고, 각자가 원하는 정보를 얻어 소중한 재산을 지키거나 늘릴 수 있을 거라 자신합니다.

세입자는 집을 구할 때나 계약할 때를 비롯해 실제로 주거하며 갖은 고충이 많습니다. 이럴 때일수록 정확한 지식과 자료를 기반으로 한 침착한 대응이 필요한데, 부동산 거래와 투자의 기본이자 정석인 《알면 자산이 되는 부동산 상식 사전》이 가장 적합하다고 생각합니다.

난생처음 내 집을 장만하려는 독자를 위해서 계약 전과 계약 후로 나눈 꼼꼼한 설명으로 초보 집주인의 걱정을 덜어줍니다. 보유하고 매도할 때까지의 행정절차와 각종 세금의 모든 것을 필요에 따라 찾아볼 수가 있습니다.

부동산은 일생을 살아가면서 매우 중요한 요소입니다. 자가이든 아니든 누구나 거주는 해야 하고, 집주인이든 세입자든 그 과정에서 임대차 계약도 반드시 해야 합니다. 그래서 부동산 가격 변화에도 관심을 가져야만 합니다.

수많은 정보가 넘쳐나는 시대입니다. 이 정보들을 자기 것으로 만들려면 먼저 정보를 올바르게 해석할 줄 아는 힘이 있어야 합니다. 정보를 해석하는 힘을 바탕으로 처한 환경에 맞게 적용해야 합니다. 이것이 바로 부자들의 재테크 방식입니다.

부동산에 대한 지식 부족으로 손해 보는 사람들이 많이 있습니다. 이미 계약이 끝난 상황에서 마땅히 할 수 있는 일은 없습니다. 단칸방에 월세를 살아도 부동산 지식이 있어야 소중한 재산을 지킬 수 있으므로 부동산 공부는 필수입니다.

그동안 강의와 상담을 하면서 겪은 사례와 지식을 부동산 초보자들에게 하나라도 더 알려주고 싶은 마음으로 집필을 했습니다.

최근 급변하는 부동산 대책으로 청약 조건, 대출 조건 등이 변화하고, 각종 세금 정책도 바뀌면서 조금 복잡해 보일 수도 있습니다. 그러나 걱정하지 않아도 됩니다. 큰 틀만 이해하면 얼마든지 실무적으로 활용이 가능해지기 때문입니다. 본 책을 통해 선택과목이 아닌 필수과목 부동산에 대해 궁금한 점들이 해소되기를 바랍니다. 자, 그럼 이제 시작해 볼까요.

목차

Chapter ② 알면 자산이 되는
내 집 마련 전 알아야 하는 상식

··· Contents

Chapter ③ 알면 자산이 되는
내 집 마련 후 알아야 하는 상식

... Contents

알　　　면
자산이　되는
부　동　산
상　식　사　전

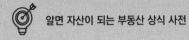 **알면 자산이 되는 부동산 상식 사전**

- 이것만 알아도 부동산 왕초보 탈출
- 똑띠 세입자 되기

알면 자산이 되는
세입자 상식

이것만 알아도 부동산 왕초보 탈출

우리나라에만 있는 전세, 언제까지 유지될까?

전셋값은 매매가격과 연동되고, 전세가 내 집 마련으로 가기 위한 징검다리 역할을 한다는 점에서 전세와 매매시장은 매우 밀접합니다. 이 때문에 매매시장 안정을 위한 대책이 전세시장에 영향을 주는 경우가 많습니다.

우리나라에만 존재하는 전세제도는 조선 시대 후기부터 시작되었고 1970년대 본격적으로 정착되었습니다.

전세는 일정 금액 (보증금)을 내고 집을 임대하기 때문에 사실상 무이자 대출과도 같은 것입니다. 임차인(세입자)은 집 비울 때 원금을 회수해 안정적입니다. 또 임대인은 금리가 높을 때 보증금을 다른 곳에 투자할 수 있어 유용합니다.

1 알면 자산이 되는 세입자 상식

부알못

그럼 앞으로 전세 시장은 계속 유지될까요? 아니면 없어
질까요?

택스코디

제 생각은 단기간에 없어지진 않을 것 같습니다.

전세는 외국에 없는 우리나라만의 주택 임차 제도입니다. 언제
어떤 이유로 전세제도가 만들어졌는지도 명확하지 않습니다. 제
도금융을 이용하기 힘든 상황에서 내 집 마련을 위해 집의 일부를
세놓는 방식으로 자금을 조달한 것이라고 전세제도의 기원에 대
해 유추하기도 합니다.

이 같은 관점에서 보면 전세는 서민들이 은행으로부터 대출을
받지 않고도 내 집을 마련할 수 있는 유용한 방법입니다.

전세로 사는 세입자가 2~3년 후 이사 갈 생각으로 다른 집을 전
세보증금을 승계받으면서 매입 (전세 낀 매입), 자금 마련 등의 과정을
거쳐 원하는 시기에 입주하는 방법 등이 전세를 활용한 서민들의
내 집 마련 방법 가운데 하나입니다.

전세를 살면서 전세보증금을 바탕으로 내 집을 마련할 수 있도

록 돈을 모을 수 있다는 게 전세의 가장 큰 매력입니다.

전세는 주거비가 적게 들고 내 집 마련을 위한 징검다리 역할을 합니다. 과거에는 전세보증금을 내기 위해 목돈이 필요했지만, 최근에는 저금리와 정부의 전세대출 지원 등을 통해 쉽게 전세금을 마련할 수 있어 전세의 장점이 더 부각되고 있습니다.

하지만 이처럼 적은 돈으로 집을 살 수 있다는 전세제도의 특징은 투기수단으로 악용되면서 부동산 시장을 혼탁하게 만들기도 합니다.

전세금은 사려는 집값을 모두 마련하지 못했지만, 이자를 내지 않아도 되는 대출로 가옥주에게는 빚이지만 집값이 언제나 빨리 올랐기 때문에 결코 손해 보는 일은 없었습니다. 구입 비용의 반 정도를 다른 사람이 낸 전세금으로 충당할 수 있으므로 이미 집을 가진 사람들이 여러 채로 늘리는 방법으로 전세제도는 유용하게 이용되었습니다.

갭투자를 통한 다주택자들이 늘면서 전세제도는 정책 당국자들의 '눈엣가시' 같은 존재가 돼 버린 셈입니다. 정부는 줄곧 집값 상승의 원인을 다주택자들이 갭투자를 통해 지속해서 주택을 매입하고 있기 때문으로 보고, 다주택자들의 보유세와 양도세 등 세금 부담을 늘리기도 했습니다.

전세 시장이 중요한 이유는 수요 문제 때문입니다. 우리나라 매매가격 대비 전세가격 비율은 평균 65% 정도 됩니다. 이 수치를 넘으면 전세로 살다 매매로 갈아타게 되는 거죠. 글로벌 금융위기 이전까지 매매가격과 전세가격 차이는 그리 크지 않았습니다. 따라서 언제든 마음먹으면 갈아탈 수 있었습니다. 여기서 주목할 것은 그 마음 먹는 시기가 바로 집값이 오를 때라는 점입니다.

전세를 찾는 사람은 크게 두 부류입니다. 집 살 형편이 안 되는 쪽과 집값이 오를 것 같지 않아 전세를 찾는 쪽입니다. 모두 나름의 이유를 가졌으나 두 쪽 다 집값이 오를 징후가 보이면 대부분 집을 사게 됩니다. 그러므로 전세 시장 흐름이 아파트 시장을 예측하는 지표의 기능을 하는 것입니다.

정리하면 전세가격이 오르고 거기에다 공급 부족까지 겹치면 당연히 집값은 오르게 됩니다.

전세계약 남았는데, 집주인이 사망한다면?

 부알못

최근 전세로 살던 주택의 집주인이 사망했다는 소식을 들었습니다. 전세계약 끝나는 날이 한참 남았는데, 집주인의 부동산이 경매로 넘어간다는 말에 전세보증금을 돌려받지 못할 수도 있다는 걱정으로 잠을 이루지 못하고 있습니다.

택스코디

이처럼 집주인이 갑작스레 사망할 경우 세입자들은 큰 혼란을 겪게 됩니다. 남아 있는 전·월세 계약이 유효한지 알 수 없고 전세보증금을 돌려받기 어려울 수 있다는 불안감이 들기도 합니다.

부알못

이런 경우, 상속인이 상속을 포기하면 어떻게 되나요?

택스코디

이때는 상속재산관리인을 통해 경매절차가 진행됩니다. 상속재산관리인이란 상속인이 여럿이거나 존재하지 않을 때 상속재산의 관리 및 청산을 위해 가정 법원이 선임하는 재산 관리인을 말합니다. 집주인의 재산을 상속받을 가족이 없거나 연락이 닿지 않는 1인 가정일 경우도 해당 절차에 따릅니다. 이를 통해 집이 낙찰될 경우 기존 세입자는 새로운 집주인에게 전세보증금을 돌려받으면 됩니다. 만약 낙찰자가 전세금을 주지 않는다고 버틴다면 세입자는 낙찰자를 상대로 전세금반환소송을 할 수 있습니다.

이 과정에서 세입자는 직접 경매에 뛰어들어 해당 주택을 낙찰받을 수도 있습니다. 세입자가 전세보증금을 돌려받지 못한 상태에서 새로운 낙찰대금을 마련하는 것은 부담이 큰데, 이 경우 필요한 낙찰대금을 돌려받아야 할 보증금으로 대신하는 상계처리가 가능합니다. 만약 낙찰대금이 전세보증금보다 큰 상황이라면 모자라는 금액만 지급하면 됩니다.

 부알못

또 주의할 점은 무엇인가요?

 택스코디

만약 집주인 사망 시 전세계약 기간이 얼마 남지 않았다면 세입자는 반드시 임차권등기명령을 신청해야 합니다. 세입자는 임차권등기명령을 신청해야 계약 기간이 끝나 이사를 하더라도 새로운 낙찰자에게 전세금을 주장할 권리가 유지됩니다.

반대로 임대차 계약 기간 중 세입자가 사망하는 때도 마찬가지로 상속인에게 세입자의 권리와 의무가 승계됩니다. 세입자와 함께 거주한 배우자나 자녀 혹은 사실혼 관계도 상속인이 됩니다. 사실혼의 경우 2촌 이내 친족 (부모·형제)이 없다면 단독으로 임차권을 승계하고 2촌 이내 친족이 존재한다면 공동으로 세입자의 권리와 의무를 승계합니다.

세 들어 사는 집을 인테리어 했는데, 권리금 받을 수 있나?

 부알못

전세계약을 맺을 때 집주인에게 양해를 구하고 인테리어 공사를 했습니다. 이후 계약이 끝나가 새로운 세입자를 구하고 있습니다. 집을 보러온 신규 세입자가 관심을 보여 권리금을 요구했습니다. 문제는 집주인이 저의 권리금 거래를 인정할 수 없다고 주장한다는 겁니다. 이 경우 저는 권리금소송을 진행해 손해배상을 청구할 수 있나요?

택스코디

상가 임대차에서는 세입자의 권리금 회수 기회를 보호받

1 알면 자산이 되는 세입자 상식

습니다. 하지만 주택 임대차 계약에서 세입자의 사비로 인테리어 공사를 했다면 이야기는 달라집니다.

권리금보호 규정은 세입자에게 법률상 문제가 없는 한 건물주라도 함부로 어길 수 없을 만큼 강력합니다. 이는 상가 임대차 계약에만 해당하는 것으로 주택 임대차에서 권리금을 주장한다면 법률상 근거가 없어 집주인이 거부해도 손해배상청구소송을 제기할 수 없습니다.

주택 임대차에서 권리금 회수가 되지 않는 가장 큰 이유는 권리금보호에 관한 법 규정 자체가 없어서입니다. 건물주가 지켜야 할 권리금보호 의무는 상가 임대차에만 해당할 뿐 주택에서는 해당하지 않는다는 말입니다.

 부알못

그렇다면 왜 주택 임대차에서는 권리금보호 규정이 없는 걸까요.

 택스코디

결론부터 말씀드리면 권리금을 주장할 수 있는 명분 자체가 다르기 때문입니다.

상가 임대차 계약은 세입자가 건물주로부터 빌린 부동산을 사용하는 과정에서 많은 사람이 해당 건물을 드나들게 해 수익을 내는 '상권형성의 노력'이 있다는 점입니다. 인테리어 이후 많은 사람이 해당 점포를 계속 찾을 수 있다는 여지가 있다는 뜻입니다.

건물주가 세입자를 함부로 쫓아내고 세입자가 운영해왔던 점포를 그대로 운영한다면 건물주는 아무런 노력 없이 이익을 얻게 되는 악용 사례가 나타날 수 있습니다. 따라서 이런 악용을 방지하고자 상가 임대차에서는 권리금보호 규정이 생긴 것입니다.

반면 주택 임대차에서는 계약이 끝날 때 집주인의 요청이 있다면 오히려 세입자에게 원상회복 의무가 생깁니다. 다시 말해 세입자가 인테리어를 희망하더라도 집주인의 동의가 필요하고 계약이 끝날 때도 다시 원래 상태로 복구해야 한다는 말입니다.

주택 임대차 계약에서의 권리금 회수 주장이 현실적으로 불가능할 뿐만 아니라 자칫하다간 원래 상태로 집을 되돌려놓아야 하는 상황까지 처하게 됩니다.

무소득자는 전세대출이 안 된다?

전세 수요가 급증함에 따라 전세 사기 건수도 늘어나고 있습니

① 알면 자산이 되는 세입자 상식

다. 전세 사기의 위험성은 계속해서 제기됐지만, 임대인에게 속아 하루아침에 빚더미에 앉게 된 사람들의 수는 줄지 않고 있습니다.

 부알못

은행에서 무소득자는 전세대출이 안 된다는 말을 들었습니다.

택스코디

은행에서는 대부분 소득을 중시하는 전세대출 상품을 주로 취급합니다. 지점마다 다르지만 어떤 경우는 부실 관리 차원에서 무소득자를 받지 못하는 상황이라고 말할 수도 있습니다. 그러나 상품의 종류가 좀 달라질 뿐 소득이 없어도 전세대출은 가능합니다. 서민들을 위한 대출이 전세대출이기 때문입니다. 무주택자와 1주택자에 한해서 보통은 보증금의 80%까지 대출을 해주는 상품들이 존재합니다.

부알못

전입신고, 꼭 해야 하나요?

택스코디

전세대출은 아무래도 무주택자들이 받다 보니까 제일 문제가 되는 것은 전입이 중요한 걸 모른다는 겁니다. 우리가 보증금을 지키는 유일한 수단은 전입입니다. 임대인들이 간혹 비과세를 노리고 실거주자 요건을 채우기 위해서 임차인에게 전입을 빼달라고 요구하는 상황이 있습니다. 절대로 빼면 안 됩니다.

전입을 빼는 순간 보증금에 대한 우선권이 상실될 수 있습니다. 전입을 빼버리면 생길 수 있는 또 다른 문제는 그 사람은 앞으로 영원히 전세대출을 받을 수 없다는 겁니다. 담보대출 같은 경우는 근저당 설정하고 대출해줍니다. 그런데 전세대출은 설정이라는 게 없습니다.

보증이 곧 담보인 겁니다. 그래서 보증기관의 역할이 중요한데 그 보증기관에서 이 사람이 전입을 뺐다는 사실을 알게 되면 그 사람을 블랙리스트에 올려버립니다. 그러면 영원히 전세대출이 안 됩니다.

부알못

'깡통전세'가 뭔가요?

택스코디

깡통전세라는 건 집값과 비교해 전세금이 너무 높은 경우를 말합니다. 예를 들어서 집값이 3억 원인데 내가 전세가 3억 5,000만 원에 들어갔다고 한다면 이후에 다음 세입자를 구하는 데 어려움이 있습니다. 최고가에 들어오려고 하는 사람이 거의 없겠죠. 그러면 어쩔 수 없이 내가 임차권 등기하고 집을 경매에 넘기는 수밖에 없어요. 그런데 낙찰이 될까요? 그것을 낙찰받아버리면 배당 신고를 하지 않는 이상 3억 5천을 끌어안아야 합니다. 그런데 누가 입찰을 하겠어요. 그래서 결국엔 어쩔 수 없이 스스로 사와야 합니다. 그런 경우가 많이 있습니다. 그래서 깡통전세를 조심해야 합니다.

 부알못

보증보험에 가입하면 안전한 것 아닌가요?

 택스코디

보증보험에 가입하면 좋지만, 보증보험도 무조건 가능한 것이 아닙니다. 보증보험사도 집값을 고려합니다. 내가 집값이 3억 원인데 4억 원에 전세를 들어갔다면 그 4억 원은 적절한 가격이 아니므로 보증보험사도 보험을 들어주지 않습니다. 그래서 깡통전세를 피하려면 시세 파악을 잘하는 것이 무엇보다 중요합니다.

 부알못

시세 파악은 어떻게 하면 좋을까요

 택스코디

보통은 공동주택 가격이 나옵니다. 그것의 150%가 그 집의 시세라고 보면 됩니다. 그래서 그 범위 안의 가격으로만 전세를 들어가면 전세 사기를 예방할 수 있고 보증보험 가입도 가능합니다.

그런데 신축 빌라 같은 경우 시세 파악이 좀 어렵습니다. 신축 빌라는 일단 깨끗하고 예쁘니까 그냥 들어가는 분들이 많은데 주변 시세를 꼭 참고해야 합니다. 대출을 받으면 은행에서 감정하는 때도 있죠. 그런 식으로 시세를 파악하는 것도 방법이 될 수 있습니다.

월세 금액도 세액공제 받을 수 있다

 부알못

처음으로 원룸 생활을 시작하거나, 이미 월세를 지급하고 있는 세입자들이 받을 수 있는 혜택은 어떤 것이 있나요?

 택스코디

직장인이 연말정산을 할 때 내야 할 세금에서 월세를 낸 만큼 깎아주는 것이 '월세 세액공제'입니다. 월세 세액공제를 받기 위해서는 총급여 7,000만 원 이하 (종합소득금액 6,000만 원 이하)여야 합니다. 이어서 주거용 오피스텔과 고시원을 포함해 세 들어 사는 집의 기준시가가 3억 원 이하거나 전용면적이 85m² (약 25평) 이하인 경우가 대상입니다.

연말정산 때 세액공제를 받으려면 주민등록등본, 임대차 계약증서 사본, 월세액을 주택임대인에게 지급했음을 증명할 수 있는 서류 (현금영수증, 계좌이체 영수증, 무통장입금증)을 준비해 현재 근무하고 있는 직장에 제출하면 됩니다.

부알못

그렇다면 얼마나 공제받을 수 있을까요?

 택스코디

1년 동안 낸 월세의 최대 17%를 750만 원 한도 안에서 세액공제 받을 수 있습니다. 총급여 5,500만 원 이하는 공제율이 17%이지만 5,500만 원 초과 7,000만 원 이하는 15%입니다.

예를 들어 총급여 5,000만 원 이하인 무주택자가 매월 월세 38만 원, 관리비 15만 원을 지출한다면, 1년 동안 낸 월세는 총 456만 원이므로 연말정산 때 세액공제 받을 수 있는 금액은 775,200원입니다. (다만 관리비는 공제받을 수 없습니다.)

참고로 2022년 1월 1일 이후 서울로 전입하거나 서울 내에서 이사한 19세~39세 (주민등록상 출생연도 1982~2003년)의 청년은 이삿짐 운송비와 중개수수료를 포함해 최대 40만 원까지 지원받을 수 있습니다.

중위소득 120% 이하인 무주택 청년을 대상으로 임차보증금 5,000만 원 이하 또는 월세 40만 원 이하의 주택이면 신청 가능합니다. 월세가 40만 원을 초과하더라도 보증금의 월세 환산액(주택임대차보호법에 따라 환산율 3.75%)과 월세액을 합한 금액이 55만 원 이하면 신청할 수 있습니다.

등기부 등본 이렇게 확인하자

등기부 등본, 세입자라면 전셋집이나 월셋집을 구할 때 반드시 확인해야 하는 서류입니다. 아찔하게도 사회초년생이나 이제 갓 독립한 예비 자취생들이 이를 간과하는 경우가 많습니다. 내가 계약할 집의 정보는 등기부 등본을 봐야 정확히 알 수 있으므로 반드시 확인해야 합니다. 보통 부동산 중개업소에서 해당 물건에 대해 등기부 등본을 출력해주곤 하지만, 주의해서 봐야 할 부분은 계약자가 직접 확인할 줄 알아야 합니다.

그래야 피 같은 내 돈 (보증금)과 내 집 (주거권)을 지킬 수 있습니다. 등기부 등본에는 집주인 정보부터 건물의 상태 등이 나와 있습니다. 특히 건물에 대출이 얼마나 있는지 등을 반드시 확인해야 나중에 내 보증금을 안전하게 돌려받을 수 있을지 없을지를 판단할 수 있습니다.

등기부 등본 보는 방법부터 등기부 등본을 발급받는 적절한 시점, 계약하지 말아야 하는 집 등은 어떻게 되나요?

💡 **택스코디**

대부분 사람은 집을 구할 때 가장 먼저 인터넷을 통해서 해당 지역의 시세부터 확인합니다. 하지만 이러한 시세를 정확히 믿을 수 있는 것은 아니므로 해당 중개업소에 방문해서 확인하는 게 좋습니다.

또 해당 건물에 대한 인터넷등기부 등본 발급방법도 확인해서 미리 확인해 보는 것이 좋습니다.

동주민센터를 방문하지 않아도 온라인으로 손쉽게 발급하고 열람할 수 있습니다. 따로 신분증이나 본인확인 서류 없이 발급 가능합니다. 내가 살려는 부동산의 주인이 누구인지 또 내가 산 부동산을 혹시라도 다른 사람에게 뺏길 요소가 있는지 철저히 확인해야 합니다.

인터넷등기부 등본 발급은 대법원 인터넷등기소 홈페이지에서 열람하고 발급받을 수 있습니다.

'등기사항전부증명서'라고 불리는 서류로 건물의 주인이 진짜 인지 구매한 건물이 나중에 혹시 잘못되어 다른 사람에게 소유권 이 넘어갈 요인은 없는지 확인할 수 있는 든든한 증명서라고 생각 하면 됩니다.

집에서도 간편하게 확인하고 발급받으려면 컴퓨터에 프린터만 연결되어있으면 언제든지 서류를 뽑을 수 있습니다. 참고로 발급 수수료는 열람만 하면 건당 700원이며 발급 완료까지 하려면 1,000원의 수수료가 청구됩니다. 내용을 확인하려면 해당 부동산 이 집합건물인지 토지인지 선택을 하고 해당 주소를 입력하면 검 색 완료 후 목록에 나타납니다.

특히나 전·월세를 구하는 분들은 안전하게 전 재산이나 다름없 는 보증금을 지켜야 하므로 필수적으로 진행해야 합니다. 혹시라 도 집주인이 해당 집을 담보로 빚을 내어 쓴 경우에도 해당 대출 금액이 얼마나 되는지 근저당 설정이 얼마나 되어 있는지 파악하 기 위해서는 반드시 확인이 필요합니다.

인터넷등기부 등본 발급서류에는 그 집에 관한 이력이 전부 나 옵니다. 언제 지어졌으며 해당 면적은 법적으로 얼마나 되는지 집 주인이 누구인지부터 빚이 얼마만큼 되는지 등을 자세하게 알려 주는 서류로 사람으로 치면 주민등록등본처럼 관련 사항을 전부 자세하게 알려줍니다.

해당 서류를 열람해보면 표제부와 갑구, 을구와 같은 생소한 용어가 등장합니다. 표제부는 집에 대한 기본정보를 알려주는 내용이고 갑구는 집의 소유 관계에 대해서 을구는 집을 담보로 진 빚이 얼마나 되는지에 대한 정보를 알려주는 내용입니다.

인터넷등기부 등본 발급서류의 구성은 표제부에 나와 있는 사항을 하나씩 살펴보면 됩니다.

첫 번째로 나와 있는 접수 항목은 날짜가 표기되며 해당 부동산이 얼마나 오래된 집인지 알 수 있습니다.

두 번째 사항은 소재 지번 및 건물번호로 집의 정확한 주소와 건물이 여러 개로 되어 있을 때는 건물의 번호가 되겠습니다.

세 번째 건물 내역은 집의 총 층수와 각층의 면적을 나타냅니다.

네 번째 등기원인 및 기타사항 항목은 특이사항이 있을 시 나오는 것입니다.

갑구 항목은 소유권에 관한 사항이 등재되어 있으니 집주인의 실명이 맞는지만 확인해보면 됩니다.

을구 항목이 중요합니다. 등기목적 사항에 근저당권설정이 되어 있으면 해당 부동산을 담보로 대출을 받았다는 얘기입니다.

등기사항전부증명서 내용을 철저히 확인해서 부동산 거래 시혹시 모를 불이익에 대비하는 것이 중요합니다.

똑띠 세입자 되기

전세 사기, 깡통전세 피하는 법은?

 부알못

전세 사기가 굉장히 다양한 방식으로 이루어지고 있다고 들었는데요. 어떤 유형들이 있나요?

택스코디

굉장히 다양한 종류의 유형이 있습니다. 물론 그중에는 사기가 아니고 단순히 임대인이 금전이 없어 보증금을 반환하지 못할 때도 있습니다.

부알못

전세 사기인 경우와 임대차보증금을 반환하지 못하는 경우의 차이점이 있나요?

택스코디

단순히 임대차보증금만 반환하지 못하는 경우는 채무 불이행이 되어서 형사처벌 대상은 되지 않고 민사소송으로 해결이 가능한 경우입니다. 이에 반해 전세 사기라고 함은 형사처벌이 가능한 사기 범죄에 해당하는 것입니다. 따라서 전세보증금을 가로챌 의사로 임차인을 속이는 어떤 기망행위를 했어야 인정됩니다.

부알못

이사를 하면서 2억4,000만 원에 빌라 전세계약을 했습니다. 입주 후 불과 반년이 되지 않아 집주인이 바뀌었지만, 전입·확정일자 신고를 마쳤고 등기부도 이상이 없는 상태라 별다른 걱정이 없었습니다. 이후 신혼집을 마련을 위해 계약을 예정대로 종료하고 보증금을 반환받으려는데, 집주인은 "보증금을 더 받지는 않을 테니 재계약을 하자"고

1 알면 자산이 되는 세입자 상식

했습니다. 그러면서 "해당일에는 보증금을 돌려줄 수 없다"라고 했습니다. 저는 시세를 확인하고는 말로만 듣던 '깡통전세 (전세가격이 매매가격보다 높은 현상)'에 해당한다는 것을 알게 됐습니다. 전세가격이 매매가랑 거의 같은 상황이어서 세입자가 구해질 리가 없었던 것입니다.

💡 **택스코디**

부알못 씨의 사례처럼 '깡통전세'는 전세 사기의 가장 대표적인 유형입니다. 임대인은 임차인의 전세보증금을 활용해 자기자본을 최소화하고, 높은 부채비율로 주택을 취득합니다. 그러나 전세가격이 매매가격과 근접하거나 더 높아진 상황에서 후속 세입자가 쉽게 구해질 리 없습니다. 결국, 임대인은 보증금을 상환할 수 없다며 악의적으로 반환을 거부하는 것입니다.

또 임차인이 임대차계약법에 미숙한 점을 활용한 사기 사례도 많습니다. 전월세 계약을 체결한 뒤 전입 당일 소유권을 제 3자로 바꿔 보증금을 편취 하는 경우입니다. 주택임대차보호법상, 임차인의 대항력과 우선변제권은 '전입 당일'이 아닌 '전입 다음 날' 발생한다는 점을 악용한 것입니다. 즉 전입신고 날에 임차인의 대항력이 생기기 전, 보증금 반환 능력이 없는 다른 사람에게 주택을 매매함으로써 새로운 세입자는 보증금을 청구하더라도 대항력이 발생하기 전 주인이 바뀌었기 때문에 돈을 돌려받을 길이 없는 셈입니다.

다음으로 임대인이 체납한 세금을 임차인이 자신의 보증금으로 사실상 대납하는 황당한 경우도 발생합니다. 임대인이 종합부동산세 등 체납 사실을 숨기고 임대차 계약을 진행하고 해당 주택이 공매로 넘어가면 세입자는 보증금을 일부 또는 전부를 못 받을 수 있습니다. 임차인이 전입신고와 확정일자를 받았다고 하더라도, 이보다 먼저 체납한 세금이 있으면 순위가 밀려나게 됩니다. 국세는 다른 채권에 우선해 징수되기 때문입니다. 현행 표준계약서상 집주인의 체납 사실을 알리도록 하고는 있으나 '의무'가 아닌 '권고'라서 대부분 집주인이 세입자에 관련 사실을 알리지 않습니다.

이 세 가지 유형은 부동산 시장에서는 물론 국토교통부와 HUG에서도 최근 급증하는 주요 전세 사기 유형으로 꼽고 있습니다. 전세 사기를 예방하기 위해서는 발품 못지않게 '손품'을 팔아야 합니다. 서류를 뒤척이는 것은 물론 사기 유형을 미리 검색·파악해서 조심스럽게 접근해야 한다는 것입니다.

부알못

구체적으로 어떻게 손품을 팔아야 하나요?

택스코디

먼저 깡통전세 예방을 위해서는 등기부 등본을 수시로 확인하고, 확정일자·전입신고를 서두르는 것이 필수입니다.

전세보증금 반환보증보험에 가입하는 것도 기본입니다. HUG나 SGI서울보증에 보증 가입을 하면 추후 문제 발생 시에도 보증금 회수가 가능합니다. 이들 기관도 계약 과정에서 서류를 검토하기 때문에 등기상 문제점을 교차 점검하는 효과도 있습니다.

체납 관련 보증사고는 전세 거래 시 임대인의 국세완납증명서·지방세완납증명서를 요구하면 예방 가능합니다. 집주인이 증명서를 임차인에게 보여줄 의무는 없지만, 그런 일이 발생한다면 다른 매물을 알아보는 편이 좋습니다. (2023년 4월 1일부터는 임대차 계약을 위해 임대인의 동의 없이도 임대인의 체납세금 존재 여부를 확인할 수 있습니다.)

또 세금 체납은 등기부 등본에 2~3개월 늦게 공시된다는 점에 유의해야 합니다. 당장 등기부 등본을 떼어봐도 이상 없어 보일 수 있으므로 등기부 등본만 믿어선 안 됩니다. 집주인과 협의해 여러 특약 사항도 계약서에 삽입하는 편이 좋습니다. 가령 '집주인 명의가 바뀔 때 전세계약을 해지한다', '보증보험 반려 시 계약은 없는 것으로 한다'는 식입니다.

소액임차인 우선 변제 제도란?

 부알못

TV 뉴스를 보고 있는데, 2022년 1월부터 7월까지 집주인의 세금 체납으로 임차인이 돌려받지 못한 보증금만 122억 원이 넘는다고 합니다. 왜 이런 일이 발생하는 건가요?

 택스코디

집주인이 국세를 체납하면 체납액만큼 임차인은 임차보증금을 돌려받지 못합니다. 현행 국세기본법상 국세 채권이 임차보증금보다 먼저 변제되기 때문입니다. 예를 들어 보유세를 체납한 집주인의 집에 임차인으로 들어가면 밀린 체납액이 먼저 변제되고, 이후 남는 돈이 없으면 세입자는 보증금을 돌려받지 못합니다.

부알못

이를 구제할 방법은 없나요?

 택스코디

　소액임차인 우선 변제 제도가 있습니다. 여기서 소액임
차인은 보증금 중 일정액을 다른 담보물권자보다 우선해
변제받을 권리가 있는 임차인입니다. 집주인의 체납액에
대해서도 국세 채권보다 우선 변제받을 수 있습니다.

　2022년 11월 정부는 임차인 피해를 개선하기 위해 주택임대차
보호법 일부개정법률안 및 시행령 일부 개정안을 입법예고 했습
니다. 이르면 2023년부터 소액임차인으로 적용받을 수 있는 임대
보증금 기준액이 1,500만 원 상향되고 우선 변제를 받을 수 있는
금액도 500만 원 오릅니다.

　또 집주인이 임차인에게 정보를 제공해야 할 의무도 강화됩니
다. 임차인이 집주인에게 선순위보증금 등 정보제공에 관한 동의
를 요구할 때 이에 의무적으로 동의하도록 했습니다. 계약 체결 전
집주인이 납세증명서 제시를 거부하면 임차인이 직접 과세 관청
에 체납 사실을 확인할 수 있게 동의함으로써 제시 의무를 대신할

[우선 변제받을 임차인의 범위]

구분	종전	개정
[1호] 서울특별시	1억 5천만 원 이하	1억 6,500만 원 이하
[2호] 과밀억제권역 용인·화성·세종·김포	1억 3천만 원 이하	1억 4,500만 원 이하
[3호] 광역시, 안산·광주· 파주·이천·평택	7천만 원 이하	8,500만 원 이하
[4호] 그 밖의 지역	6천만 원 이하	7,500만 원 이하

[보증금 중 우선 변제받을 일정액의 범위]

구분	종전	개정
[1호] 서울특별시	5천만 원 이하	5,500만 원 이하
[2호] 과밀억제권역 용인·화성·세종·김포	4,300만 원 이하	4,800만 원 이하
[3호] 광역시, 안산·광주· 파주·이천·평택	2,300만 원 이하	2,800만 원 이하
[4호] 그 밖의 지역	2천만 원 이하	2,500만 원 이하

수 있는 규정도 신설됩니다.

아울러 주택임대차표준계약서를 개정해 임차인이 저당권 설정 때문에 보증금을 회수하지 못하는 피해가 발생하지 않도록 했습니다. 임차인이 전입신고를 하기로 한 다음 날까지 임대인은 담보권을 설정할 수 없게 됩니다.

전세보증금을 지키는 방법은?

 부알못

2018년 근저당이 껴 있는 집에 전세로 입주했습니다. 최근 전셋집이 경매로 곧 넘어간다는 통지를 받았습니다. 게다가 확인해보니 입주 당시 '전입신고'만 하고 '확정일자'를 받지 않았네요. 전세보증금을 잃을까 걱정입니다.

택스코디

부알못 씨처럼 내가 임차했던 집이 경매에 넘어가면서 보증금을 잃을 위기에 처하는 경우는 생각보다 많습니다. 이러한 상황에 처하지 않으려면 대항력과 우선변제권, 그리고 대위변제의 의미와 조건을 미리 알아둘 필요가 있습니다.

보증금을 최대한 잃지 않기 위해서는 우선 '대항력'을 갖춰야 합니다. 대항력은 '집이 경매로 넘어가더라도 임대차 기간이나 보증금을 보호받을 수 있는 임차인의 권리'를 의미합니다.

대항력이 성립되려면 조건이 필요한데, 먼저 실제로 그 집에 살고 있어야 하며 해당 집에 근저당(말소기준권리)이 잡히기 전에 전입신고가 미리 돼 있어야 합니다. 쉽게 말하면 애초에 대출이 없는 집에 들어가는 것이 최고라는 것이죠.

여기에 대출이 잡히기 전에 확정일자까지 받으면 '우선변제권'을 받을 수 있습니다. 우선변제권이란 '임대차계약서에 확정일자를 받은 전셋집이 경매에 넘어간 경우, 후순위 권리자나 일반 채권자들보다 먼저 보증금을 변제받을 수 있는 권리'를 말합니다.

'대항력'과 '우선변제권'을 모두 갖춘 임차인은 경매주택에 계속 살 수도 있고, 법원에 배당 요구를 하거나 경매 낙찰자에게 요구해 보증금을 전액 돌려받을 수도 있습니다.

그러나 요즘 우리 주변에 대출 없는 집은 거의 없죠. 대부분 근저당이 먼저 잡힌 뒤에 임차인이 들어오게 됩니다. 이렇게 되면 임차인이 배당요구를 하더라도 앞선 채권자들에게 먼저 배당을 하고 남는 배당금이 있어야만 돈을 돌려받을 수 있습니다. 대출이 많지 않아 남는 배당금이 보증금보다 많다면 운 좋게 손실을 피할 수 있지만 사실상 후순위 임차인에게 돌아갈 보증금은 거의 없는 경우가 많죠.

 부알못

그러면 근저당이 먼저 잡힌 전셋집에서 보증금을 최대한 지키려면 어떻게 해야 할까요?

1 알면 자산이 되는 세입자 상식

택스코디

앞장에서 살펴본 '소액임차인 우선 변제' 기준을 충족하면 임차인들은 채권자들보다 먼저 일부 보증금을 보장받을 수 있습니다.

예를 들어 서울은 2021년 5월 11일 기준으로 임차인의 보증금이 1억5,000만 원보다 낮고 전입신고가 완료된 경우 '최대 5,000만 원'의 최우선 변제금을 다른 채권보다 먼저 돌려받을 수 있습니다. 가능성이 적긴 하지만 만약 보증금이 5,000만 원보다 낮다면 전액을 모두 보장받을 수도 있죠.

이러한 조건에도 포함되지 않는다면 임차인들은 '대위변제'를 고려해볼 수 있습니다. 대위변제는 '내 앞 순위에 있던 대출을 임차인이 집주인 대신 갚는 것'을 의미합니다.

왜 집주인의 대출을 임차인이 갚냐고요? 나보다 앞순위에 있던 근저당을 말소함으로써 가장 앞 순위가 되면 전에 말했던 '대항력'을 얻을 수 있기 때문입니다.

예컨대 근저당이 1억 원 잡혀있는 집에 임차인이 전세보증금 5억 원을 내고 들어와 전입신고와 확정일자를 모두 완료한 뒤, 해당 집이 경매에서 3억 원에 낙찰된다면 임차인은 근저당을 제외한 2억 원밖에 돌려받을 수가 없습니다.

만약 임차인이 1억 원의 대출을 대신 갚게 된다면 앞 순위 근저당이 말소되면서 임차인이 '대항력'을 얻게 됩니다. 그렇게 되면 낙찰가 3억 원이 모두 임차인에게 돌아가는 것은 물론, 남은 보증금 2억 원 역시 낙찰자가 '인수'해 임차인에게 추가로 줘야 하는 상황이 생기는 것입니다. 이렇게 하면 1억 원은 잃지만 4억 원을 지킬 수 있게 됩니다.

내가 살던 전셋집이 경매에 넘어가는 것은 상당히 당황스러운 상황이지만, 임차인의 권리를 미리 알고 대비해 놓는다면 보증금을 훨씬 더 많이 지킬 수 있으니 꼭 알아두면 좋습니다.

부알못

전입신고 및 확정일자, 온라인으로도 가능한가요?

택스코디

전입신고와 확정일자는 개인이 '정부24'를 통해 온라인으로 신청하거나 구청에서 하면 됩니다.

2021년 6월부터 전월세신고제가 시행되면서 수도권, 광역시, 도·시 지역에서 전세보증금 6,000만 원 또는 월세 30만 원을 넘는다면 집주인이나 세입자 중 한 명만 신고해도 전입신고·확정일자를 한 번에 해결할 수 있습니다.

또 일종의 '보험' 개념인 전세보증보험 상품도 이용할 수 있습니다. 일정 금액의 보험료를 내면 나중에 집주인에게 보증금을 돌려받지 못했을 때, 보증회사가 대신 보증금을 돌려주는 제도입니다.
이렇게 미리 안전장치만 해두면 보증금 때문에 마음고생 할 일은 훨씬 줄어들 듯합니다.

▍전·월세계약서, 이 정도는 알고 쓰자

 부알못

세입자가 전.월세계약서 작성 시 알아야 할 사항은 무엇인가요?

 택스코디

먼저 계약하러 갈 때 준비물은 다음과 같습니다.

> ☐ **임차인(세입자) :** 도장, 주민등록증(또는 운전면허증)
> ☐ **임대인(집주인) :** 도장, 주민등록증

임대인이 도장을 가지고 나오지 않았다면 지장(손도장)도 가능합니다. 계약서를 컴퓨터로 작성해서 출력한다 해도 임대인, 임차인 이름은 직접 손으로 적는 게 좋습니다. 법무부에서 제공하는 '주택임대차 표준계약서'를 이용하면 됩니다. 주택임대차 표준계약서에 관한 설명은 다음과 같습니다.

◎ **주택임대차 표준계약서 설명** ────────────

□ **계약 종류 표시**

　　☐ 보증금 있는 월세, ☐ 전세, ☐ 월세 (해당 칸 체크)

□ **임대인과 임차인 이름**

　　임대인 임차인 각자의 주민등록상의 이름과 같은지 확인, 임대인의 이름은 등기사항전부증명서와 건축물대장의 이름과 일치하는지 확인합니다.

□ **임차주택의 표시**

　　세를 얻고자 하는 집의 주소와 동 · 호수, 집이 지어져 있는 토지의 지목과 면적, 집의 구조, 용도 (등기사항전부증명서 상이 아니라 건축물대장과 토지대장의 내용을 기준으로 기재해야 함)

□ **미납국세**

임대인에게 밀린 국세가 있는지 확인하여 그 사실 여부 기재합니다.

□ **선순위 확정일자 현황**

나보다 먼저 입주한 임차인이 있는 경우, 해당 임차인들의 보증금 액수와 확정일자 부여 여부를 임대인에게 확인하여 그 사실을 기재합니다. (근저당권의 채권 최고액과 선순위 임차인의 모든 보증금 그리고 자신의 보증금을 합한 금액이 해당 주택 가격의 80%를 넘는다면 계약을 심각하게 고민해야 함)

□ **확정일자 부여**

이사 후 전입신고를 한 후 확정일자를 받을 때 이곳에 확정일자 도장을 찍습니다.

□ **제1조 보증금과 차임**

위조를 막기 위해 아라비아 숫자로만 기재하지 말고, 한글이나 한자로 한 번 더 적어 주며, 계약일과 잔금일 사이의 기간은 여유 있게 한 달 이상 잡는 게 좋습니다.

□ **제2조 임대차 기간**

임차인이 입주할 수 있도록 임대인이 집을 비워주는 날짜와 계약기간을 기재합니다.

□ **제3조 입주 전 수리**

입주 전에 수리가 필요한 시설이 있는지, 언제까지 수리해줄 건지, 약속 날짜까지 수리가 안 될 시 임대 보증에서 수리비를 제하고 준다든지 하는 약정 내용을 기재하면 사전 다툼 방지할 수 있습니다.

□ **제4조~ 제9조**

셋집의 사용·관리·수선에 관한 내용, 계약 포기에 따른 계약 해제 내용, 채무 불이행과 관련한 손해배상 내용, 임차인의 월세 연체나 주택의 구조변경, 전대 등으로 인한 계약 해지 내용, 계약 종료 시 원상 복구에 관한 내용, 계약 종료 시 공과금, 관리비, 장기수선충당금 정산에 관한 내용 등.

이해가 되지 않는 부분이 있으면 중개인에게 물어보고, 자신에게 불리한 내용이 없는지 확인합니다.

□ **제10조 중개보수 등**

중개수수료 요율과 금액을 적고 중개수수료 소득공제와 관련하여 현금영수증을 받을 경우, 중개수수료에 부가가치세 포함 여부를 확인합니다.

□ **제11조 중개대상물 확인, 설명서 교부**

중개인은 근거 자료를 제시하고 중개대상물에 대해 성실, 정확하게 확인 설명할 의무가 있습니다.

□ **특약 사항**

특이사항을 기재할 때는 신중해야 하며, 자신에게 불리한 내용
이 없는지 다시 한번 확인해보고, 애매한 점이 있으면 주위 사
람들에게 물어본 후에 신중히 작성해야 합니다.

□ **임대인, 임차인, 중개업자의 주소, 연락처, 주민등록번호 등**

계약서에 기재된 임대인의 이름이 주민등록증과 등기사항전
부증명서의 이름과 일치하는지 반드시 확인, 중개인의 이름과
사업자등록번호가 중개업소 벽에 걸려 있는 사업자등록증과
일치하는지 반드시 확인해야 합니다.

 부알못

임대차 계약서 특약에 꼭 넣어야 하는 문구에는 어떤 것
들이 있을까요?

 택스코디

다음의 조항을 넣어두면 좋습니다. 말 안 해도 이런 걸 해
주는 공인중개사들은 실력도 있고 일을 제대로 하는 겁니

다. 그런데 '젊은 사람이 뭐 이렇게 까다로워'라고 말을 하면 거기서 계약을 하지 않고 다른 곳을 찾아보는 것도 방법입니다.

'임대차계약 이후 아니면 내가 전입한 이후 한 달 이내에 추가로 담보를 설정하지 않는다. 담보가 설정돼 있을 때, 즉시 계약을 해지시킬 수 있고 보증금을 즉시 반환한다.'

대항력을 완벽하게 갖추기 전에 (등기부 등본) 을구, 갑구에 다른 권리가 들어가선 안 됩니다. 계약서 특약에 다음 문구를 넣어두면 좋습니다.

'계약일로부터 잔금 및 입주일자 익일까지 현재 상태의 등기부 등본을 유지해야 하며, 근저당 포함 다른 대출 설정은 하지 않는다.

이를 이행하지 않으면 임대인은 임차인에게 손해배상 배액 배상하고 계약을 해지하기로 한다.'

'임대인 및 임대물건에 의해 전세반환보증보험 가입이 불가능한 경우, 계약금의 배액을 배상하고 이 계약은 무효로 한다.'

'임대인은 계약 기간 중 매매 또는 담보를 제공하는 경우, 미리 임차인에게 통보해 주기로 한다.'

'임차인의 책임이 없는 시설물의 고장 (노후로 인한 사유 등)은 임대인이 적극 수리한다.'

'임대차계약 만료일에 타 임차인의 임대 여부와 상관없이 전세보증금을 즉시 반환해주어야 한다.'

보증금 되돌려주지 않는 집주인 이렇게 대처하자

부동산 임대시장에서 점차 전세에서 월세로 전환되는 추세라고는 하지만 여전히 전세에 대한 선호도는 매우 큽니다. 아무래도 전세의 장점도 많기 때문입니다. 그런데 전세보증금은 고액인 경우가 많은데, 전세금을 제때 돌려받지 못하거나 전세 사기를 당할 위험도 있습니다.

최근 몇 백 채씩 갭투자 (전세를 끼고 집을 사는 것)를 한 임대인이 보증금을 들고 도망간 사건이 생겼습니다. 전세의 경우 확정일자 대항력이 다음 날 발생하는 것을 악용해 임차인으로부터 잔금을 받고 확정일자의 대항력이 발생하기 전에 곧바로 근저당권을 설정하거나 소유자를 바꿔 전세금 변제를 어렵게 하는 사례 등도 문제가 되고 있습니다.

🗨❓ **부알못**

만일 전세시간이 만료됐는데, 집주인이 보증금을 제때 돌려주지 않으면 어떻게 대처해야 하나요?

💡 **택스코디**

우선 지급명령신청을 고려해 볼 수 있습니다. 지급명령신청은 소송과 비교해 절차가 간편한 장점이 있습니다. 신청에서 결정까지 2주 정도 걸리기 때문에 빠르게 분쟁을 해결할 수 있습니다. 하지만 집주인이 연락이 안 되는 때에는 지급명령신청도 뾰족한 수는 아닙니다.

이런 경우에는 임대차보증금 반환청구소송을 제기하는 것이 좋습니다. 소송을 통해 판결을 받으면 강제집행을 할 수 있는데 보통 임대인의 다른 재산을 알기가 쉽지 않기 때문에 임차목적물을 경매에 넣는 경우가 많습니다. 문제는 아파트와 달리 빌라나 단독, 다가구의 경우에는 경매에서 쉽게 낙찰이 되지 않는다는 점입니다. 여러 번 유찰되면 경매가 취소될 수도 있습니다. 따라서 울며 겨자 먹기로 집을 떠안는 사례들이 많습니다.

결국, 전세계약을 맺기 전에 확인에 확인을 거듭하는 것이 최선입니다. 집주인과 공인중개사의 신원을 정확히 확인하고, 전세보증보험 가입 가능 여부도 확인해야 합니다. 전세보증보험은 주택도시보증공사(HUG)나 서울보증보험에서 운영하는 전세금 반환보증을 목적으로 하는 보험의 일종입니다. 집주인이 전세 기간 만료 후에도 전세보증금을 제때 주지 않으면 공사에서 지급하는 형태이기 때문에 안전장치인 셈이어서 반드시 확인해야 합니다.

 부알못

전세 사기가 굉장히 다양한 방식으로 이루어지고 있다고 들었는데요. 어떤 유형들이 있나요?

 택스코디

굉장히 다양한 종류의 유형이 있습니다. 물론 그중에는 사기가 아니고 단순히 임대인이 금전이 없어 보증금을 반환하지 못하는 상황도 있습니다.

전세 사기인 경우와 임대차보증금을 반환하지 못하는 경우의 차이점이 있나요?

단순히 임대차보증금만 반환하지 못하는 경우는 채무 불이행이 되어서 형사처벌의 대상은 되지 않고 민사소송으로 해결이 가능한 경우입니다. 이에 반해 전세 사기라고 함은 형사처벌이 가능한 사기 범죄에 해당하는 것입니다. 따라서 전세보증금을 가로챌 의사로 임차인을 속이는 어떤 기망행위를 했어야 인정됩니다.

형사처벌이 되는 차이가 있군요. 그 예시로는 어떤 게 있나요?

전세 사기의 경우로는 먼저 매매가 보다 높은 전세금으로 전세계약을 체결토록 하는 경우가 있습니다. 이른바 깡통전세죠. 단순히 매매가보다 높다고 해서 반드시 전세 사기가 되는 것은 아니지만 만약 사기 의도를 가진 임대인에 나중에 보증금을 반환하지 않고, 연락 두절이 되는 경우 사는 집을 경매에 부쳐도 이미 전세금이 매매시세보다 높은 상황이고, 빌라의 경우에는 수 회 유찰되는 경우가 많아서 감정가의 60~70%까지 가격이 하락하게 되면 보증금 대부분을 돌려받지 못하는 경우가 많습니다.

 부알못

보증금 반환 소송에서 승소하더라도 막상 경매를 진행하면 실제 보증금의 상당 부분을 회수할 수 없게 되는군요. 매매가 보다 전세가가 높은 경우 조심해야겠네요.

택스코디

또 실제 소유자가 아닌 사람과 전세계약을 체결하도록 한다거나 신탁회사에 소유권이 있음에도 신탁회사 동의 없이 임대차계약을 체결할 때도 있습니다. 집을 매수할 때 신탁회사와 신탁계약을 체결하는 경우 등기부등본상에 소유권자가 00 신탁사로 기재되어 있습니다. 이 경우에는 해당 신탁원부에 보면 임대인이 임대차계약을 체결할 수는 있지만,

이때에는 반드시 신탁사의 동의를 받아야 임차인을 구할 수 있도록 규정되어있어서, 신탁사의 동의를 받지 않고 임대차 계약을 할 때, 부동산의 소유자인 신탁사는 아무런 법적 책임이 없습니다. 주택임대차보호법에 의한 보호도 받지 못하게 됩니다. 따라서 재산이 없는 임대인으로부터는 보증금반환 소송에서 승소하여도 강제집행할 재산이 없어 금전을 반환받기가 어렵습니다.

부알못

그럼 등기부 등본을 발급받아 보았을 때 소유자가 누구인지 신탁사는 아닌지 잘 확인해야겠네요.

택스코디

네 맞습니다. 이외에도 이사 당일에 보증금변제 능력이 없는 새로운 임대인에게 집을 매도하고 등기를 넘겨 근저당을 설정하는 상황도 있습니다. 이 경우에는 임차인이 이사 당일에 전입신고를 할 때, 제 3자에게 임차권을 주장할 수 있는 대항력이라는 힘과 주택의 경매 시 후순위 권리자나 기타 채권자보다 우선 배당받을 수 있는 우선변제권이 하루 뒤인 다음날 효력이 발생하는 반면, 이사 당일에 설정한 근저당은 당일 바로 효력이 발생하기 때문에 근저당권이 우리 임차인보다 경매에서 우선순위를 점하게 되어 문제가 될 수 있습니다.

세입자가 직접 신규 세입자 구해도 되나?

전세자금대출 이자 부담이 커지면서 집주인이 새로운 전세 세입자를 구하지 못하는 경우가 늘고 있습니다.

통상 많은 사람이 새로운 집에 이사하는 과정에서 기존 집에 넣어둔 전세보증금으로 새로운 집에 잔금을 치릅니다. 문제는 기존 집주인이 새로운 세입자를 구하지 못했다면서 전세금을 돌려주지 않은 채 이사를 해야 하는 경우입니다. 이 경우 조바심을 느낀 세입자는 직접 부동산 매물을 광고하거나 신규 세입자를 주선하려는 사례도 있습니다.

 부알못

세입자가 직접 신규 세입자를 구하는 것이 문제가 되나요?

택스코디

　원칙적으로 세입자는 부동산 소유자가 아니므로 부동산 매물 광고를 올릴 수 없습니다. 신규 세입자를 구하는 책임은 집주인에게 있기 때문입니다. 다만 부동산 광고에 대해 집주인과 사전 합의가 있다면 법적인 문제는 없습니다. 또 신규 세입자를 주선하는 것도 가능하지만, 집주인이 계약을 거부하는 것에 대해 별다른 책임을 물을 순 없습니다.

　만약 집주인의 소극적인 태도에 전세 기간이 끝날 때까지 신규 세입자를 구하지 못한다면 기존 세입자도 맞대응에 나설 수 있습니다. 집주인과 세입자는 동시이행관계로 집주인이 신규 세입자가 구해지지 않았다는 이유로 전세보증금 반환을 하지 않는다면 세입자도 집을 비워줄 의무가 없습니다. 신규 세입자가 구해지지 않는건 집주인 사정이지 정당한 사유가 아니므로 전세보증금반환소송으로 대응해야 합니다. 전세금반환소송이란 전세보증금을 돌려주지 않는 집주인을 상대로 세입자가 제기하는 소송을 말합니다.

　반면 신규 세입자를 찾는 문제에 있어서 상가임대차는 주택임대차와 반대입니다. 상가건물임대차보호법 (상임법)에는 임대차계약 기간이 끝나기 6개월 전부터 세입자가 신규 세입자를 적극적으로 건물주에게 주선해야 한다고 규정하고 있습니다. 권리금 회

수 기회 때문입니다.

상임법은 정당한 사유 없이 기존 세입자가 주선한 신규 세입자와의 계약을 건물주가 거절하면 권리금보호 의무위반이 됩니다. 정당한 거절 사유는 신규 임차인이 보증금이나 임대료를 지급할 자력이 없거나, 그 밖에 임차인으로서 의무를 위반할 우려가 있을 때입니다.

🗨️ **부알못**

임차인으로서 의무를 위반할 우려, 예를 들면요?

💡 **택스코디**

대표적인 사례로는 신규 세입자가 동종업계 무경험자일 경우입니다. 신규 세입자가 동종업계 사업을 해보지 않은 무경험자라면 상황에 따라 계약을 거부할 수 있습니다. 상임법 제10조 제2항 제2호 법규에 따라 추후 운영 미숙으로 임대료를 못 낼 우려가 있기 때문입니다.

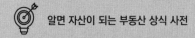 **알면 자산이 되는 부동산 상식 사전**

알면 자산이 되는
내 집 마련 전
알아야 하는 상식

주택청약의 모든 것

장롱 속 청약통장을 꺼내자

전 국민 청약 시대, 서울을 중심으로 집값이 치솟자 상대적으로 저렴한 분양아파트를 노리는 분들이 많습니다. 국민 2명 중 1명은 주택청약통장을 갖고 있을 정도입니다. 청약통장이야말로 이 시대 필수품이 된 것입니다.

부알못

아직 청약통장이 없습니다. 청약통장을 어떻게 써야 할지도 모릅니다. 민영주택은 뭐고, 국민주택은 또 뭔가요?

택스코디

지금은 주택청약종합저축 한가지로 통합이 됐습니다. 과

거 청약예금, 부금, 저축 등 통장 종류가 여러 개이고 여전히 이 통장을 갖고 계신 분들도 많습니다. 통장마다 쓰임새가 각각 다르다 보니 헷갈려하는 사람들도 많습니다.

청약통장의 개념부터 종류, 청약 1순위 만드는 법, 당첨확률 높이는 법 등에 대해 말해볼까 합니다.

예비 청약자들은 적게는 수년, 길게는 수십 년 청약통장을 준비해 놓습니다. 하지만 정작 써먹으려고 할 때, 해당 아파트의 청약 조건과 차이가 있어 사용하지 못하는 경우가 있습니다. 장롱 속에 통장을 마냥 모셔만 놓으면 안 되는 이유입니다. '청약스펙'이 중요하다고 강조하는 이유도 여기에 있습니다. 자신이 보유하고 있는 청약통장이 어떤 종류이고 어디서 써먹을 수 있을지 평소에 미리미리 점검해야 합니다.

바늘구멍 당첨 가능성에 기약 없는 입주 시기까지 도무지 감 잡을 수 없는 사전청약을 하염없이 기다리는 예비청약자들도 있을 겁니다. 우선 빠르게 내 집 마련을 하려면 우리 동네 청약을 먼저 챙기는 것이 훨씬 현명합니다. 아파트 분양 시 모집세대 이상의 경쟁이 발생하면 그 지역 내 거주하는 청약자에게 우선 당첨권을 줍니다. 이를 '당해 지역 우선'이라고 합니다. 지금과 같은 청약 과열 시기에는 이처럼 '내 청약스펙'의 객관적인 판단이 중요합니다.

서둘러야 하는 청약 부류가 있습니다. 바로 '청약예금'과 '청약부금' 가입자입니다. 2009년 5월 직전에 가입한 청약자가 그 대상입니다. 그보다 훨씬 이전이면 차라리 좋습니다. 그 이유는 이들은 청약통장 가입 기간 만점 점수인 17점을 채워놓았을 가능성이 크기 때문입니다. 만점이 아닌 상태인 2007~2009년 가입자들의 경우 눈을 크게 떠야 합니다.

청약가점제는 무주택기간 최대 15년 32점, 청약통장 가입 기간 최대 15년 17점, 부양가족 최대 6명 35점으로 합산 만점 84점이 최대 점수입니다. 2009년 5월부터 가입자를 받은 주택청약종합저축은 2022년 5월이 되어도 가입 기간 만 13년을 겨우 채웠을 뿐입니다.

 부알못

그렇다면 주택청약종합저축보다 가입 기간 점수에서 유리한 청약예금, 청약부금 가입자는 몇 명이나 될까요?

 택스코디

2020년 말 기준 종합저축의 1순위 가입자는 약 1,305만 명입니다. 청약예금과 청약부금 1순위 가입자는 합쳐서 약

119만 명입니다. 이 숫자는 종합저축 대비하여 9.1%에 불과한 수준입니다.

119만 명 중 청약통장 15년 이상 가입자는 97만 명입니다. 5명 중 4명이 15년 이상 청약 장수생이라는 얘기입니다. 이들은 다른 조건 (무주택기간, 부양가족수)이 같은 주택청약종합저축 가입자보다 가점에서 유리한 포지션을 갖고 있습니다. 이러한 상위 포지션은 지금부터 2년간 유효합니다.

현재 분양 시장은 청약 납입금 순차순으로 당첨자를 가리는 공공분양이 아닌 가점순으로 당첨자를 뽑는 민간분양 공급량이 아직은 더 많습니다. 아무리 오래 '묵힌' 통장이라도 청약예금과 청약부금의 경우, 3년이 지나면 주택청약종합저축 2009년 가입자들이 통장가입 기간 점수에서 만점을 받게 되니 출발선이 같아집니다.

당첨확률이 높은 청약예금, 청약부금 청약자들의 시한부는 2년 남았습니다. 기다리기보다는 사정에 맞는 내 집을 찾아보는 적극적인 자세가 필요한 때입니다.

청약은 운이 아니라 전략이다

청약은 운이 아니라 전략입니다. 조금만 공부하면 당첨확률이 높아지게 됩니다.

좋은 청약 지역의 조건으로는 현재 주거지 및 일자리와 가깝고, 교통망이 빨리 들어올 지역을 꼽을 수 있습니다. (서울에서 20km 반경 안에 위치하고, 교통망도 갖춰지는 3기 신도시를 예로 들 수 있음)

2021년 1월부터 특별공제 (특공) 소득 조건이 완화되는 점은 호재로 작용합니다. 신혼부부특공 맞벌이 일반공급과 생애최초특공 일반공급의 경우는 전년 도시근로자 가구원수별 월평균소득 대비 160% 이하면 지원 가능합니다. 이 정도면 고액 연봉자를 제외한 신혼부부 90% 정도가 해당합니다.

또 신혼특공은 자녀가 많을수록 당첨 가능성이 커집니다. 다만, 신혼부부는 혼인신고 후 7년 이내여야 합니다. 생애최초특공은 추첨제라 조건 없이 당첨될 수 있습니다. 평생 집이 없었다면 연령대와 상관없이 도전 가능합니다. 특공의 경우는 신혼 외에 중소기업, 노부모 공양, 다자녀 등 다양한 조건이 있으므로 자신에게 맞는 것을 찾아봐야 합니다.

참고로 본 청약 1~2년 전에 일부 물량에 대해 미리 청약을 진행

알면 자산이 되는 내 집 마련 전 알아야 하는 상식

하는 사전청약의 경우는 당첨돼도 일반 본청약이 가능한 점을 고려할 때 '양다리 전법'을 쓸 만합니다.

신혼부부들의 내 집 마련 기회가 찾아왔습니다. 사전청약을 통한 공급물량의 절반 이상이 신혼부부 몫이기 때문입니다.

기회가 많은 만큼 따져야 할 것들도 많습니다. 우선 신혼희망타운을 노릴지 공공분양 중 신혼부부 특별공급에 도전할지 선택해야 합니다. 신혼희망타운은 혼인 기간이 짧은 신혼부부가 유리합니다. 공급물량도 많습니다. 다만 수익공유형 모기지 가입이 의무라는 점이 변수입니다. 신혼부부 특별공급은 소득이 낮고 자녀가 많을수록 유리할 것으로 분석됩니다.

신혼희망타운은 내 집 마련에 대한 부담으로 결혼을 망설이는 청년층을 지원하기 위해 도입된 주택형 입니다. 신혼부부 (혼인 기간 7년 이내) 중에서도 혼인 기간이 짧을수록 당첨에 유리한 구조도 이런 이유에서 입니다.

2021년 3기 신도시 사전청약 전체 공급물량의 30% (1단계)를 예비신혼부부와 혼인 2년 이내, 2세 이하의 자녀를 둔 신혼부부나 한부모 가족에게 우선 공급했습니다. (경쟁자가 발생하면 가점이 높은 순서대로 당첨자를 선정합니다.)

신혼희망타운 우선 공급 가점항목은 가구소득과 해당 시·도 연속 거주기간, 주택청약종합저축 납입 인정 횟수 등으로 구성됩니다. 2단계 잔여공급이나 신혼특공 가점항목과 달리 자녀 수 가점항목이 없다는 점을 눈여겨봐야 합니다.

2단계 잔여공급 (70%)은 1단계 낙첨자를 포함한 신혼부부 (한부모 가족 포함)를 대상으로 했습니다. (잔여공급 가점항목에는 우선 공급 가점항목에서 가구소득이 빠지고 무주택기간과 미성년 자녀수가 추가됩니다.)

신혼희망타운이 신혼부부 중에서도 혼인 기간이 짧은 (예비신혼부부 포함) 부부들에게 유리했다면 신혼특공은 자격 내 소득 조건 중에서도 소득이 적고, 자녀가 많을수록 당첨확률이 높아집니다.

신혼특공은 배정된 물량의 70%를 전년도 도시근로자 가구당 월평균 소득 기준 100% 이하 (맞벌이 120%)인 자에게 우선 공급합니다. 이 가운데 자녀가 있는 자 (혼인 중 출생자로 인정되는 혼인외 출생자, 6세 이하 자녀가 있는 한 부모 가족 포함)가 1순위이고, 예비신혼부부와 1순위에 해당하지 않는 (자녀가 없는) 신혼부부가 2순위입니다.

2단계 잔여공급 30%는 월평균소득 130% 이하(맞벌이 140%)인 자에게 당첨 기회가 돌아갑니다. 정부가 더 많은 신혼부부에게 특공 기회를 주려고 소득 기준을 완화했지만 한정된 물량에 청약 가능한 신혼부부만 증가해 실효성이 떨어진다는 지적이 제기됐던 이유이기도 합니다.

우선 공급과 잔여공급 지원자 중 같은 조건 내에서 경쟁이 발생하면 가점이 높은 순서대로 당첨 기회가 부여됩니다. 가점항목은 가구소득, 자녀 수, 해당 주택건설지역 연속 거주기간과 청약통장 납입 횟수에 신혼부부는 혼인 기간, 한 부모 가족은 자녀 나이가 추가됩니다. 혼인 기간이 짧을수록 자녀가 어릴수록 가점이 높습니다.

참고로 사전청약은 공공분양과 신혼희망타운 동시 청약이 불가능해 신혼부부는 신혼특공과 신혼희망타운 중 당첨확률이 더 높은 것을 선택해야 합니다. 경쟁 시 당첨자를 선정하는 가점항목이 비슷한 만큼 같은 조건이라면 물량이 많은 신혼희망타운이 좀 더 유리할 수 있습니다.

청약통장에 얼마나 넣을까?

 부알못

청약통장, 만들어야 한다고 해서 그냥 만들었는데, 도대체 여기에 얼마를 넣고 있어야 하나요?

택스코디

'통장에 2,000만 원은 있어야 한다'라는 소리가 들리곤 합니다. 한 번에 10만 원까지만 인정되니까 200개월, 그러니까 16년짜리 적금 부은 분들이 당첨됐단 소리입니다.

이런 거 보면 부럽긴 하지만, 청약통장에 한 번 돈이 들어가면 아파트 생길 때까진 없는 돈이나 마찬가지인데, 그 목돈을 묵히느니 어디 굴려서 유동성을 만드는 게 나을 것 같고 아니면 어디 급전이 필요할 때 이 통장이 계속 눈에 보여서 결국은 깨게 됩니다.

그래서 청약통장에 얼마나 갖고 있어야 하는지 그걸 정하고자 합니다. 600만 원, 그 이상을 넣는 건 당연히 여유 되면 넣을수록 좋습니다. 많이 넣긴 아깝다 싶으면 그냥 600만 원 만드는 걸 목표로 하고 끝내면 됩니다.

여기서 말하는 청약통장은 주택청약종합저축을 말하는 겁니다. 요즘 청약통장이라고 하면 보통 다 이걸 말합니다. 왜냐면 예전엔 청약저축, 부금, 예금, 종류가 많았습니다. 어떤 건 공공에 넣고, 민간에 넣고 다 달랐는데, 그냥 다 합쳐놓은 게 주택청약종합저축입니다. 이건 공공 아파트, 민간 아파트에 다 쓸 수 있습니다. 그런데 두 유형에서 통장의 쓰임이 다릅니다.

일단 민간에서는 통장을 만든 지 얼마나 지났냐, 가입 기간을 따집니다. 그리고 이 통장에 얼마나 들어있는지, 예치금을 봅니다. 그런데 예치금은 일시불 납입이 가능합니다. (한 번에 넣어도 된다는 겁니다.)

예를 들어서 서울의 전용면적 84㎡ 아파트입니다. 그럼 투기과열지구니까 통장가입 2년이 지나고 전용 85㎡ 이하니까 예치금 300만 원이면 됩니다.

부알못

그럼 서울에서 중소형 면적 대 청약 다 할 수 있다고 생각해서 딱 이 조건만 만들어두고 통장을 방치해도 되는 건가요?

택스코디

그런데 공공분양에선 다릅니다. 이번엔 납입금, 누가 얼마나 오래 넣었는지를 따집니다. 그래서 아까 2,000만 원 넘은 사람만 당첨되고 그랬던 겁니다. '그럼 이제부터 열심히 넣어야지'라고 생각해도 10년 넘게 걸리는 일이죠.

그런데 여기서 중요한 것, 누가 얼마나 오래 넣었는지는 일반공급의 경우입니다. 같은 공공분양이더라도 특별공급이 있고 일반공급이 있습니다. 공공분양에선 대부분 특별합니다. (물량의 80% 정도가 특공으로 나옵니다.)

그런데 이 특공은 별도 자격의 존재하지 누가 얼마나 오래 넣었냐, 이런 거는 별로 안 봅니다.

일단 기관추천은 가입 6개월, 월납입금도 6회 이상이면 되는데, 어떤 사람들은 아예 그것도 안 해도 됩니다.

다자녀도 6개월, 6회 똑같습니다. 노부모부양은 2년, 24회이고 신혼부부는 6개월, 6회이며 생애최초는 2년, 24회입니다. 그런데 문구에 선납금을 포함해 600만 원 이상인 분이라고 돼 있습니다.

정리하면 특별공급은 청약통장과 관련해서 최소한의 조건만 걸어두고 경쟁이 발생하면 별도의 방식이나 가점으로 당첨자를 뽑습니다. 근데 생애최초의 경우에만 기간, 횟수와 별도로 600만 원 조건이 있습니다. 이것도 민간 생애최초엔 없고 공공 생애최초에만 있습니다.

따라서 지금 말한 모든 유형에 찔러보려면 청약통장에 일단 600만 원만 갖춰두면 되는 겁니다. 다시 말하면 젊은 세대가 일반공급에서의 불입액 경쟁은 밀릴 수밖에 없으니, 모든 특공을 노릴 수 있는 최소한의 조건만 만들어 놓자는 거죠.

부알못

제가 통장을 만든 지는 10년이 지났는데, 돈은 10만 원씩 10번만 넣고 말아서 100만 원밖에 없어요. 나머지 500만 원 채우려면 50개월 기다려야 하나요?

택스코디

아닙니다. 한 번에 됩니다.

청약통장은 은행에서 가입시킬 때 2만 원만 넣어도 된다고 해서 2만 원씩만 넣는 분들이 많을 텐데, 1회 차에 10만 원까지 인정되니까 10만 원씩 넣는 게 좋습니다.

그런데 방금처럼 매달 꾸준히 넣지 않거나 넣다가 만 경우엔 가입 기간은 긴데 납입금이 적은 겁니다. 그럴 땐 입금할 때 납입 횟수를 고를 수 있습니다. 예를 들어서 한 번에 100만 원을 입금하면서 이번 달 치 10만 원에다 지난 9개월 치 90만 원을 나눠서 카운트하도록 쪼개는 겁니다. 쉽게 얘기하면 밀린 돈을 나중에 막는 거죠. 200만 원을 20개월로 나누는 것도 가능합니다. 그런데 이렇게 하는 게 약간 시간이 걸립니다. 입주자모집공고 전까지 딱 세팅이 돼 있어야 합니다. 그때까지 안 될 수 있으니까 미리미리 해두는 게 좋습니다.

정리하면 불입 횟수 24회 차 그리고 불입액 600만 원만 만들어두면, 거의 모든 유형에서 깡패가 되는 겁니다. 민간에서도 전국구 깡패가 될 수 있습니다.

면적대별, 그리고 지역별 예치금 기준이 있습니다. 무슨 뜻이냐면, 서울에서 전용 85㎡ 이하에 넣으려면 300만 원이 필요하고 85㎡ 초과부터 102㎡ 이하까지는 600만 원이 필요합니다.

그런데 민간 아파트 청약에서 투기과열지구 전용 85㎡ 이하는 무조건 가점제, 85㎡ 초과는 가점 반, 추첨 반입니다. 만약 내가 가점은 좀 낮아서 추첨 물량을 노려야 한다면, 당연히 전용 85㎡ 초과에 청약해야 하는데 그때 필요한 예치금이 바로 600만 원입니다.

부알못

아니 그럴 거면 아예 1500만 원 넣어서, 모든 면적 대 노릴 수 있게 무적 통장 만드는 게 낫지 않나요?

택스코디

그 정도 예치금이 필요한 건 팬트하우스 이런 겁니다. 우리는 그냥 600만 원만 채우고 솔잎을 먹으면 되지 않을까요.

알면 자산이 되는 내 집 마련 전 알아야 하는 상식

어떤 특공에 넣는 게 유리할까?

바늘구멍이라도 계속 도전을 해야 뚫립니다. 그래도 요새는 바늘이 여러 개로 늘어서 좀 다행입니다.

무슨 이야기냐면 바로 청약 시장, 그중에서 특별공급을 말합니다. 청약가점제 시행으로 젊은 신혼부부 등은 일반 청약으로는 당첨이 사실상 불가능합니다. 신혼부부 특별공급은 물량이 늘긴 했지만, 소득 기준도 완화되면서 여전히 당첨되기가 '하늘에 별 따기'입니다.

그래도 기회가 하나 더 생겼습니다. 바로 생애최초 특별공급입니다. 당초 공공분양에만 있던 이 제도가 민영주택 분양에도 적용되기 시작한 것입니다. 이제껏 집을 소유했던 경험이 없다면 자격요건이 된다니 도전해볼만 합니다. 물량도 공공분양은 전체 공급 물량의 25%로 기존보다 5%포인트 늘고, 민영주택도 15% (민간택지 7%)로 적은 편은 아닙니다. 당첨자도 추첨제로 선정하는 만큼 젊은 수요층도 당첨을 기대해볼만 합니다.

신혼부부들은 신혼특공과 생애최초 특공 모두 자격이 되는 경우가 많아 둘 중 더 높은 확률의 특공을 지원해야 합니다. 본인에게 가장 유리한 특공은 무엇일까요?

이와 함께 많은 사람이 간과하는 기관추천 특별공급도 눈여겨 봐야 합니다. 중소기업 근로자와 장기복무군인 등 여러 조건이 있습니다. 신청 절차가 신혼부부나 생애최초 특공과는 다르니 유심히 살펴봐야 합니다.

중소기업 다니는 사람이라면 정말 놓쳐서는 안 될 혜택이 있습니다. 아파트 청약 때 특별공급에 지원할 자격입니다. 바로 '중소기업 특별공급'입니다.

엄밀히 얘기하면 기관추천 특공입니다. 기관추천 가운데 중소기업 근로자를 대상으로 선별해 특공에 지원할 자격을 주는 겁니다. 해당 기관 (각 지방중소벤처기업청)에서 추천을 받으면 특별공급은 당첨된 것이나 다름없습니다.

부알못

어떻게 지원을 하고 누가 대상이 되는지 궁금합니다.

택스코디

다른 특공과 달리 소득, 자산 기준이 없고 무주택자면 누구나 신청할 수 있는 게 가장 큰 강점입니다.

우선 지방중소벤처기업청에 신청하면 됩니다. 중소기업 재직기간이 길수록 유리합니다. 그동안 신혼부부, 청년 등을 대상으로 특공을 확대하는 등 2030 세대의 청약 기회를 확대하면서 4050 세대나 중장년층의 불만이 커졌습니다. 여기서는 아무래도 중장년층이 더 유리해 보입니다.

혼인신고 서두를까? 미룰까?

해가 갈수록 '내 집 마련'이 어려워지자 결혼 풍습도 달라지고 있습니다. 결혼식 직후에 혼인신고를 했던 과거와는 다르게 주택청약, 대출 조건 등에 맞춰 혼인신고 시점을 조정하는 일들이 속출하고 있습니다.

특히 2021년부터 시행됐던 3기 신도시 사전청약의 경쟁이 치열할 것으로 예상되어 혼인신고 타이밍을 재는 예비부부 또는 신혼부부들이 눈에 띄게 늘기도 했습니다.

2020년 11월에는 과천 지식정보타운 S1, S4, S5 블록을 분양받기 위해 일부 예비부부들이 혼인신고를 서두르기도 했습니다. 청약 가점을 높여서 청약 당첨확률을 끌어올리기 위해서입니다.

기왕지사 혼인신고뿐만 아니라 전입신고까지 하면 좋습니다.

개인 가점으로는 택도 없으므로 부부로서 할 수 있는 특별공급도 신청하고 일반공급, 동시 청약까지 해볼 수 있는 건 다 하는 것입니다.

가점제는 나이가 많을수록 유리하기 때문에 2030 젊은 세대들은 당첨확률이 낮습니다. 다만 결혼을 하면 상황이 조금 나아집니다. 가령 당해 지역에 3년 이상 거주했고 만 17세부터 청약통장에 가입한 A 씨(31)의 청약가점은 청약통장 가입 기간 13점(11년 이상), 무주택기간 2점(1년 미만), 부양가족 수 5점(본인 1명)으로 총점이 20점(84점 만점)에 불과합니다.

A 씨가 올해 결혼을 해서 혼인신고를 한다고 해도 부양가족 수가 1명 추가돼 총점이 겨우 5점 늘어납니다. 하지만 신혼부부 특별공급, 생애최초 특별공급이 가능 (소득요건 등 충족할 경우)하다는 점에서 유리한 것입니다. 혼인신고 후 A 씨의 신혼부부 특공 가점은 자녀 수 0점, 혼인 기간 3점(3년 이하), 거주기간 3점(3년 이상), 청약저축 납입 횟수 3점(24회 이상)으로 13점 만점에 9점에 달하게 됩니다.

반면 혼인신고를 최대한 미루는 사례도 있습니다. 과거 주택담보대출이 잘 나오던 시절엔 갭투자, 다주택 보유 등을 위해 혼인신고를 하지 않았다면 최근엔 부부가 개인 청약통장을 모두 사용할 수 있도록 혼인신고를 미루는 추세입니다.

갈수록 청약 경쟁률과 당첨 가점 커트라인이 높아지자 부부가 각자 청약통장을 유지하면서 청약을 시도해보겠다는 것입니다. 혼인신고를 하면 세대주만 청약통장을 쓸 수 있기 때문입니다.

아울러 신혼부부 특공의 경우 혼인 기간이 짧을수록 유리하기 때문에 원하는 단지가 분양할 때까지 혼인신고를 미루려는 것도 좋습니다. 이 밖에 대출 환경이나 세금도 영향을 미치는데, 보금자리주택 대출은 1인 기준 소득 한도가 7,000만 원이지만 부부일 땐 8,500만 원이기 때문에 (결혼 후 맞벌이보다) 미혼이 유리할 수 있습니다. 참고로 유주택자의 경우 혼인신고를 하면 1가구 2주택자가 되는데 5년 이내 집을 처분해야만 양도소득세 감면 혜택을 받습니다.

청약 시 분양권·입주권은?

분양권이란 주택 또는 입주자로 선정돼 그 주택에 입주할 수 있는 권리·자격·지위를 말합니다. 2018년 12월 11일 이후부터 분양권과 입주권은 주택 수에 포함됩니다. 따라서 2018년 12월 11일 이전의 분양권 소유자는 무주택으로 봐서 청약 가능합니다. 해당 일자 이후 분양권 소유자는 1주택을 가진 것으로 봅니다. 만약 입주자모집공고일 현재 사용검사가 완료되고 잔금을 냈다면 1주택을 보유하고 있다고 간주 돼도 주택 처분 서약을 한 후 무주택으로 청약 가능합니다.

잔금 납부가 완료되지 않은 분양권의 경우 실물 주택으로 볼 수 없으므로 주택 처분 조건 추첨에 참여할 수 없어 1주택 소유자로 청약해야 합니다.

□ **청약**

2018년 12월11일 이후 취득하는 분양권은 청약 시 주택을 소유한 것으로 간주

2018년 9·13 대책의 후속조치로 이미 시행되고 있는 내용입니다. 현재 무주택자가 분양권을 매입하게 되면 청약할 때 무주택 기간을 0점으로 계산됩니다.

□ **거주의무** (2023년 1·3대책을 통해 실거주 의무 폐지 예정)

1. 공공분양

   − 2020년 5월 27일 모집공고분 부터
   − 5년 (시세 80 %미만), 3년 (시세 80~100%)

2. 수도권 민간택지 분양가 상한제 주택

   − 2021년 2월 19일 모집공고분 부터
   − 3년 (시세 80% 미만), 2년 (시세 80~100%)

서울, 과천, 광명, 하남에서 분양하는 수도권 민간택지 분양가 상한제 주택은 2021년 2월 19일부터 거주의무기간이 적용됩니다. 이 때문에 청약 열기가 한풀 꺾이는 것이 아닌가 생각하는 분들도 있습니다. 결론부터 말하자면 그럴 일은 없습니다.

규제지역 내 중도금대출을 받으면 입주 가능일로부터 6개월 이내 전입 요건을 2020년 7월부터 적용해오고 있기 때문입니다. 그리고 9억 이상 고가주택도 8년간 보유와 거주를 동시에 해야 장기보유특별공제도 적용해주기 때문에 수많은 청약 대기자들은 그 사실을 알고 청약을 준비하고 있습니다.

◎ 20.09.22 이후 모집공고분 수도권/광역시 3년간 전매제한

2020년 11월에 분양했던 과천지식정보타운, 하남 감일지구, 위례신도시와 같은 투기과열지구 내 수도권 공공택지는 전매제한도 최대 3년(종전 10년)까지 적용 중입니다. 2016년 11·3대책부터 실거주자 위주의 청약정책이 이어지고 그 강도가 점점 세지고 있는 상황입니다.

시장에서는 규제는 강력해져도 오르는 시세가 오르다 보니 청약을 단념하기보다는 신규 유입자가 더 많은 상황입니다. 최근 서울, 수도권을 비롯한 전국 분양지의 청약자 수를 보면 쉽게 확인할 수 있습니다.

2021년 청약 광풍은 거세지고 당첨은 더욱 어려워지는 중에 청약을 준비하거나 분양권을 매입하는 분들은 세금, 전매제한, 거주의무와 같은 중요한 내용을 미리 숙지하여 실수 없이 현명한 판단을 내리는 데 도움이 되길 바랍니다.

주택청약에도 장외거래가 있다

주택청약에도 일종의 '장외 거래'가 있는 걸 알고 있나요? 서울이나 주요 수도권 지역은 아파트 청약 당첨이 바늘구멍 통과하기 수준입니다. 그런데 청약 시장 밖에서도 분양권을 살 수 있는 방법이 있습니다. (물론 분양권 전매 등 불법 거래는 아닙니다.)

바로 '아파트 보류지' 얘기입니다. 입주 시점 전후에 매각하는 물량이라 일반분양 가격보다는 훨씬 비싸지만, 청약통장도 필요 없고 다주택자도 살 수 있다는 점에서 꾸준히 관심을 받고 있습니다. 주택 수요자라면 솔깃할 만한 제도입니다.

 부알못

과연 보류지를 통해 내 집 마련을 할 수 있을까요?

알면 자산이 되는 내 집 마련 전 알아야 하는 상식

택스코디

아파트 보류지는 일반분양이나 조합 소유로 나누지 않고 여분으로 남겨놓은 물량을 말합니다. 조합원 수 누락 및 착오가 발생하거나 입주예정자와의 분쟁 등에 대비하기 위해 유보해 놓은 것입니다.

서울의 경우 '서울시 도시 및 주건환경정비조례'에 따라 공동주택 총 건립 세대수의 1% 범위로 보류지를 정합니다. 가령 아파트가 3,000가구라면 30가구 내로 물량을 남겨놓는 것이죠.

주택법 시행령에 따라 30가구 이상 보류지는 사업계획 승인을 받고 청약 형식으로 공급해야 하므로 보류지는 최대 29가구를 넘지 않는 게 일반적입니다. 실제론 1%도 안 되는 극소수 물량만 남겨놓는 경우가 더 많습니다.

참고로 보류지 매각은 입주 전후로 하므로 일반분양가보다는 훨씬 비싸지만, 주변 시세보단 저렴하게 이뤄집니다. 최저 입찰가격은 정해져 있습니다. 입찰 당일 가장 높은 가격을 부르는 사람이 구매할 수 있는 경쟁 입찰 방식입니다.

서울의 경우 재개발·재건축 클린업시스템에 접속하면 '조합입찰공고' 메뉴에서 보류지 매각 공고를 확인할 수 있습니다. 매각 대상 타입, 동, 호수, 최저 입찰가격 등을 확인할 수 있습니다.

만 19세 이상이면 청약통장이 없거나 다주택자여도 입찰에 참여할 수 있다는 점이 특징입니다. 청약 가점이 낮은 사람도, 유주택자여서 청약 자격이 안 되는 사람도 분양권을 살 수 있는 기회가 있는 셈입니다.

조합은 보류지를 일종의 보험 장치로 활용합니다. 보류지 성격자체가 '만약'을 대비한 물량이기도 합니다. 무엇보다 사업비 충당에 이용할 수 있다는 점이 두드러집니다.

과거 '래미안원베일리'(신반포3차·경남아파트 재건축)의 경우 지난 2018년 최초 관리처분인가 때만 해도 보류지 물량이 전혀 없었습니다. 2019년 분양가 규제를 피하고자 시도했던 일반분양분 통매각이 불발되자 일부 물량(29가구)을 보류지로 돌렸습니다. 보류지 매각을 통해 사업비를 충당하기 위해서입니다.

또 보류지 물량을 특별분양으로 이용하는 때도 있습니다. 단지홍보 효과를 높이기 위해 연예인이나 유명인사 등에 보류지 일부물량을 일반분양가로 제공하는 식입니다.

신규 분양 물량이 부족한 데다 분양가 규제로 인해 '로또 분양'이 기대되면서 청약 경쟁이 심화해 청약 당첨이 '하늘에 별 따기' 수준이기 때문에, 서울에선 새 아파트가 귀해지면서 아파트 보류지에 관한 관심이 꾸준히 증가하고 있습니다.

보류지 아파트가 수요자들의 틈새 투자처로 인기를 끌고 있는 이유입니다. 그렇다고 보류지를 품에 안는 게 쉽진 않습니다.

보류지는 보통 입주 시점에 나오기 때문에 자금 납부 기간이 통상 1~2개월로 짧습니다. 당연히 중도금 대출도 안 됩니다. 최저 입찰가가 시세보다 저렴하다고 해도 일반분양가의 두 배를 넘기도 합니다. 입찰 경쟁이기 때문에 최저 입찰가보다도 높은 금액을 제시해야 하므로 자금 여력이 있는 '현금 부자'만이 입찰 받을 수 있는 구조입니다. 그래서 입찰가격이 높을 때 주인을 찾지 못하는 사례도 종종 나옵니다.

그럼에도 인기 단지의 경우 보류지 수요가 높습니다. 청약처럼 '로또' 수준은 아니지만 일단 매입해놓으면 향후 집값이 오를 것이란 기대 때문입니다.

내 집을 계약하기 전 알아야 할 상식들

데이터를 읽으면 주택시장이 보인다

 부알못

어떤 도시, 어느 동네 부동산이 뜰 가요?

택스코디

상승과 하락을 반복하는 주택시장에서 이 질문의 답을 찾으려면 주택 가격과 관련된 데이터를 읽고, 해석하는 능력이 무엇보다 중요합니다. 실제 부동산 관련 커뮤니티를 보면 많은 사람이 다양한 데이터를 활용해 시장을 분석, 예측하고 이를 공유합니다. 하지만 남이 해석한 정보를 뒤쫓기보다 능동적으로 주택시장을 파악하고, 앞서 나가고 싶은 사람들이라면 먼저 실거래가와 시세, 공시가격의 개념부터 시장의 동향을 파악하는 데 유용한 각종 지수가 무엇인지부터 알아야 합니다.

 부알못

부동산 관련 뉴스를 보다 보면 주택 가격을 실거래가, 시세, 공시가격으로 다양하게 표현하고 있습니다. 세 가지 용어는 어떻게 다르고, 각각 어떻게 활용되나요?

 택스코디

먼저 실거래가는 시장에서 실제로 거래된 주택 가격을 뜻합니다. 우리나라에서는 매매 주택에 대해 계약 후 30일 이내에 실거래가 신고를 해야 합니다. 실거래가가 오르면 호가도 덩달아 뜁니다. 문제는 가짜로 신고가를 등록하고 취소해 몸값을 띄우는 경우죠. 실제로 2020년 국토교통부 실거래가 시스템에 등록 취소된 서울 주택의 절반이 신고가로 기록되었다고 합니다. 계약이 취소됐다고 해도 호가는 높아져서 실수요자들만 피해를 보는 셈입니다. 이를 보완하기 위해 신고 기준일을 '거래계약일'에서 '등기신청일'로 변경하는 법안이 발의되었습니다. 하지만 신고 시점이

2~3개월 늦춰지면 시장 동향을 신속하게 파악하기는 힘들 거라는 지적도 있습니다.

한동안 거래가 없던 주택은 실거래가를 알 수 없죠. 그럴 때 참고하는 게 '시세'입니다. 한국부동산원과 KB국민은행은 부동산 중개업소가 제공하는 정보를 바탕으로 최근 실거래가, 실거래 횟수 등을 참고해 시세를 정합니다. 이렇게 정해진 시세는 주택담보대출을 받을 때 주로 사용됩니다. 금융위원회에서도 시세의 공신력을 인정하며, 한국부동산원과 KB국민은행에서 조사한 시세를 담보대출의 기준으로 삼고 있습니다.

마지막으로 공시가격은 국가가 세금을 부과하기 위해 만든 기준가격입니다. 국토교통부에서 매년 공시기준일(정기 1월 1일, 추가 6월 1일)을 기준으로 적정가격을 조사해 알리고 있습니다.

공시가격은 시세에 정부가 정한 현실화율을 적용하는데, 통상적으로 공시가격은 실거래가의 약 70% 수준입니다. 참고로 공시가격이 오르면 재산세뿐 아니라 종합부동산세와 증여세, 건강보험료 등 다른 조세 부담으로 이어집니다.

그 외에도 지역별 아파트값을 소개하는 기사에서 자주 등장하는 두 단어가 있습니다. 바로 평균가격과 중위가격입니다. 평균가격은 모든 데이터를 합산한 뒤 수만큼 나눈 값이며, 중위가격은 데이터를 가격순으로 배열했을 때 한가운데 있는 집의 가격을 말합니다.

평균가격은 7억 2,000만 원이고 중위가격은 5억 원이라고 가정해봅시다. 여기서 약 2억 2,000만 원의 차이가 생기는 이유는 평균가격이 특이치에 크게 영향을 받기 때문입니다. 대상 중 20억 원이라는 고가주택이 평균가격을 높였기 때문입니다. 따라서 평균가격과 중위가격의 차이가 클수록 주택 가격의 양극화를 의미합니다.

많은 전문가가 향후 방향성을 알기 위해 과거를 돌아봅니다. 투자 자산의 가격은 사이클을 만들며 끝없이 등락을 거듭하기 때문입니다. 주택매매가격의 흐름은 주택가격지수로 파악할 수 있습니다. 주택가격지수는 거래 사례나 호가를 기반으로 가격을 조사한 뒤, 전월 대비 가격변동률을 적용해 만든 지수입니다. 대표적으로 KB국민은행, 한국부동산원에서 이를 제공하죠.

주택가격지수를 시간순으로 정리하면 주택 가격이 얼마나 상승, 하락했는지 한눈에 파악할 수 있습니다. 이때 주택매매가격지수와 변동률 그래프를 함께 참고하면 주택 가격이 상승한 시기가 드러나고, 해당 시기에 국내외 경제 상황 및 유동성, 주택 관련 정책 등을 역으로 공부하면 어떤 요소들이 주택시장에 영향을 끼치

02. 내 집을 계약하기 전 알아야 할 상식들

는지 학습할 기회가 됩니다.

결국, 투자자들이 가장 궁금한 건 미래입니다. '그래서 이 주택이 투자할 가치가 있는가'를 알아보고 싶다면 매매전세비가 도움이 됩니다. 매매전세비는 매매가격 대비 전세값 비율을 뜻하는데, 주택 가격의 향방을 예측할 때 많이 활용되는 통계입니다. 전세라는 전 세계 유일무이한 제도 덕에 주택 가격 상승에 대한 기대심리를 엿볼 수 있게 된 거죠. 예를 들어, 매매전세비가 높다면 주택 가격 상승에 대한 기대심리가 낮다고 보곤 합니다.

대출이 가능할까를 고민하자

2022년 6·21 대책으로 주택 구매 목적의 주택담보대출을 받으면 기존 주택 처분 기한이 현재 6개월에서 2년으로 늘어납니다. 신규주택 전입 의무도 폐지됩니다. 이에 따라 무주택자는 6개월 내 전입, 1주택자는 6개월 내 기존 주택을 처분하지 않아도 됩니다.

또 분양가상한제(분상제) 적용 주택의 계약자에게 부여되는 2~5년간의 실거주 요건도 완화됩니다. 주택법에 따르면 분상제 대상 중 공공택지는 주변 시세보다 80% 미만이면 5년, 80~100% 미만이면 3년간 실거주해야 합니다. 민간택지는 80% 미만이면 3

년, 80~100% 미만이면 2년입니다. 실거주 의무 요건 완화가 무주택자의 내 집 마련에 도움을 줄 수 있지만, 갭투자에 긍정적인 영향을 줘 자칫 투기 현상이 나타날 수도 있습니다. 기존 2주택자 혹은 1주택자에게는 '똘똘한 한 채'로 갈아탈 기회가 될 수도 있습니다. 다만 실거주 의무 요건 완화는 주택법 개정이 필요해 2022년까지는 적용되지 않을 수 있습니다. (2023년 1·3대책을 통해 실거주 의무 폐지 예정)

정부가 생애최초 주택 구입자를 대상으로 주택담보대출비율(LTV) 최대상한을 80%로 완화하기로 했지만, 총부채원리금상환비율(DSR) 규제는 유지하기로 해 정책의 혜택을 체감하기 힘들 것이란 지적이 나오고 있습니다. 특히 연소득 6,000만 원 이하 중저소득자들의 경우 이번 LTV 완화의 수혜를 보지 못합니다. LTV를 아무리 높여준다 하더라도 DSR 규제가 완화되지 않으면, 소득이 낮은 이들의 대출 가능 금액은 늘어날 수 없는 구조기 때문입니다.

2022년 현재 LTV 상한은 투기지역·투기과열지구 40% (생애최초 60%), 조정대상지역은 50% (생애최초 70%)입니다.

참고로 DSR은 주택담보대출과 신용대출, 유가증권담보대출 등 모든 가계대출의 원리금 상환액을 연 소득으로 나눈 비율을 말합니다. 종전에는 총대출액이 2억 원 이상인 차주들에 DSR 40%가 적용되고 있고, 2022년 7월부터는 총대출 1억 원이 넘는 차주들로 확대됐습니다. DSR 40% 규제가 적용된단 것은 연 소득의 40% 이상을 원리금을 갚는데 쓸 수 없다는 것으로, 연소득 5,000만 원인 차주는 연간 2,000만 원이 넘는 금액을 대출을 갚는데 쓸 수 없다는 얘기입니다.

부알못

그렇다면 기존 대출이 없는 연봉 5,000만 원인 A와 연봉 1억 원인 B가 규제 지역에서 시세 9억 원짜리 아파트를 산다면 어느 정도 대출이 가능할까요?

택스코디

금리 4.17% (30년 만기 원리금균등상환)로 시세 9억 원짜리 아파트를 구입할 때 현재 LTV 40%, DSR 40% 규제에서는 3억 4,200만 원까지 대출을 받을 수 있습니다. 그런데 LTV가 80%로 확대되고 DSR은 그대로 40%가 적용되면, 대출한도는 3억4,200만 원으로 기존과 변함이 없습니다.

하지만 같은 조건에서 연봉이 6,145만 원인 경우엔 대출한도가 3억6,000만 원(LTV 40%·DSR 40%)에서 4억2,000만 원(LTV 80%·DSR

40%)으로 8,000만 원이 늘어납니다. 또 같은 조건에서 연소득이 1억 원인 경우, 대출받을 수 있는 금액이 3억6,000만 원에서 6억 8,400만 원으로 무려 3억2,400만 원 뛰어오릅니다.

정리하면 중저소득자는 LTV보다 DSR 영향을 더 많이 받고 고소득자는 DSR보다 LTV 영향을 더 받기 때문에 DSR 완화 없이 LTV만 늘린다면 정책 효과는 고소득자에 집중됩니다.

지금도 생애최초 구입 가구 등 일부 서민·실수요자들에 LTV를 20%포인트 우대해주고 있는 정책이 있는데, 생애최초 구입 가구들에 LTV 상한을 80%로 늘려준다는 것이 무슨 의미가 있을까요?

무슨 돈으로 산 부동산인가?

자금출처조사의 기본은 '증여 추정'입니다. 집을 사게 되면 자금이 어디서 나왔는지를 밝히는 자금조달계획서를 써내야 합니다. 혼자 스스로 대부분 자금을 마련했다고 자금조달계획서를 써내긴 했는데, 국세청이 취득자의 나이나 소득을 고려해 봤을 때 그 정도 규모의 자금 마련이 어렵다고 판단되면 돈이 어디서 났는지를 묻게 되겠죠. 이때 그 출처에 대해 명확히 소명하지 못하면 기본적으로 증여로 추정하게 됩니다.

세알못

자금출처조사는 누가 받는 건가요?

택스코디

조사 대상자는 크게 탈세 제보가 있거나, 다른 세무조사
에서 파생되는 경우 혹은 국세청 내 축적된 과세정보자료
들로 인해 조사가 필요한 경우에 선정될 수 있습니다.

과세정보들은 다양한 방법으로 축적이 되는데요. 국세청은 PCI
(소득-지출 분석) 시스템을 통해 자체 검증을 하기도 하고, 금융정보분
석원 (FIU)에서 고액거래 (CTR)나 의심거래 (STR)를 보고받아 활용하
기도 합니다. 또 국토교통부로부터 규제지역 (비규제지역 6억 원 이상) 내
주택 구입 시 제출하는 자금조달계획서를 통보받아 활용하기도
합니다.

중요한 건 당장 조사가 개시되지 않았다고 해서 영원히 조사대
상이 아닐 거라고, 생각하지 말아야 한다는 겁니다. 조사대상 선
정경로가 다양한 동시에 재산 취득 과정에서 자금의 원천을 이미
어느 정도 포착할 수 있기 때문이죠.

세알못

소명 대상은 어디까지 포함되나요?

택스코디

일반적으로 방문, 전화 혹은 서면 통보의 방법으로 취득 자금 원천에 대한 소명을 요청받게 됩니다. 소명 대상이 되는 취득 자금은 해당 재산을 취득하기 위해 실제로 쓴 총 취득 자금을 의미합니다. 부동산을 취득하기 위해 낸 매매대금, 취득세, 등록세, 중개수수료 등을 포함합니다.

근로자라면 소득에 대한 증빙으로 원천징수 영수증이 있을 것이고, 상속이나 증여를 받았다면 신고된 소득이 있을 수 있습니다. 임대하고 있다면 임대차계약서를 준비하고, 상속이나 증여를 받았다면 상속세 (증여세)신고서를 준비하면 됩니다.

이때 세후 소득 총액에서 카드 사용료 등은 국세청 시스템으로 포착이 되므로 차감한 순액을 인정받을 것이고, 부모 등에게 빌린 자금은 원금 및 이자 상환에 대한 기록이 있어야 자금 출처로 인정받을 수 있습니다.

세알못

사정상 부모님이나 남편의 명의로 대출을 받아 자금으로 썼는데 상환은 제가 하고 있는데 출처로 인정받을 수 있을까요?

택스코디

세법은 실제 사실을 우선시하기 때문에 금융기관으로부터 타인의 명의로 대출을 받았지만, 원금 변제나 이자 지급을 재산 취득자가 사실상의 채무자로서 부담하고 있는 것이 확인되면 해당 대출금은 재산취득자금의 출처로 인정받을 수 있습니다.

이밖에 공동소유를 하는 경우 공동소유자 중 한 명의 명의로 대출을 받아 부동산취득자금으로 썼다면, 실제 채무자가 해당 공동소유자로 확인이 되는 경우 각자가 부담하는 대출금은 각자의 자금출처로 인정이 됩니다. 따라서 자금출처를 소명하면서 원금이나 이자 상환의 주체 그리고 지급 근거를 증명하면 출처 인정이 가능한 것입니다.

세알못

공동명의로 토지와 건물을 공동 취득했는데 임대보증금은 지분 대로 나누는 건가요?

택스코디

토지와 건물을 공동으로 취득한 경우로서 공동취득한 해당 재산을 공동취득자 중 1인만이 임차계약을 맺고 받은 임대보증금으로 자신의 취득 자금으로 사용한 경우 1인만의 자금 출처로 인정됩니다.

따라서 공동명의자 각각의 지분만큼 인정받기 위해서는 임차계약의 당사자로 참여해 대금을 수령 관리해야 합니다.

세알못

부모님께 돈을 빌렸는데 차용증을 쓰면 문제가 없을까요?

택스코디

원칙적으로 직계존비속 간의 소비대차는 인정되지 않지만 실제로 소비대차계약을 맺고 돈을 빌려 부동산 취득 자금에 쓰고 추후 이를 갚은 사실이 객관적으로 확인이 되면 이렇게 빌린 돈은 부동산 취득 자금으로 인정됩니다.

객관적으로 확인할 수 있는 자료로는 금융자료, 이자 지급과 관련한 증빙 및 담보 설정, 채권자 확인서 등이 있습니다. 또 해당 자금거래가 차입이었음을 입증할 수 있도록 금융거래내역 상 적요란에 해당 사실을 기재하고 차용증을 작성해 공증이나 확정일자 등으로 거래발생사실을 확실히 준비해두는 것이 좋습니다. 차용증을 작성하는 특별한 방식이 있는 것은 아니나 일반적으로 작성일자, 원금 상환방법 및 변제 시기, 이자의 지급 방법 및 지급 시기 그리고 이자율 등을 명시해 둘 필요가 있습니다.

세알못

생활비를 아끼고 모아 주택을 샀는데 자금 출처로 인정받을 수 있을까요?

택스코디

사회통념 상 인정되는 수준의 생활비, 교육비 그리고 이와 유사한 것들은 증여로 보지 않습니다. 다만, '사회통념'이라는 모호한 기준을 가지고 있다 보니 실무상의 해석이 필요한 경우들이 있죠.

알면 자산이 되는 내 집 마련 전 알아야 하는 상식

예를 들어 생활비 또는 교육비 명목으로 받은 재산은 비과세입니다. 하지만 이후 그렇게 받은 재산을 예금 혹은 적금하거나 주택, 토지 등의 매입자금으로 사용하는 경우에는 증여세가 부과될 수 있습니다.

자금조달계획서 작성 방법, 유의 사항을 살펴보자

2020년 10월 27일부터 규제지역에서 주택을 구매하면 자금조달계획서와 증빙자료를 제출해야 합니다. 비규제지역의 주택을 매수하는 경우 거래가가 6억 원 이상이라면 자금조달계획서가 필요합니다. 법인은 지역이나 금액에 상관없이 무조건 제출해야 합니다.

자금조달계획 항목이 10개가 넘는 데다 증빙자료까지 챙기려니 보통 일이 아닙니다. 혹여 잘못 적거나 누락 했을 경우 과태료를 물거나 추가조사를 받아야 하니 주의가 필요합니다.

 세알못

자금조달계획서 작성 방법과 유의 사항 등은 무엇일까요?

택스코디

　자금조달계획서는 주택 구매 비용을 어떻게 마련했는지 자금 출처를 기재하는 서류입니다. 2017년 8·2대책에서 투기적 주택수요에 대한 조사체계를 강화하기 위해 도입했습니다.

　이후 최근까지 점점 수위를 높여가며 강화되어 2020년 6·17대책에서 한 번 더 규제 수위를 높여 10월 27일부터 투기과열지구·조정대상지역 내 주택이라면 거래금액과 무관하게 자금조달계획서와 증빙자료를 제출해야 합니다.

　따라서 규제지역이면 1억 원짜리 빌라를 사도 자금조달계획서와 증빙서류를 제출해야 합니다.

　자금조달계획서는 '자기 자금'과 '차입금'으로 구분해 작성하게 돼 있습니다. 자기 자금은 금융기관 예금액, 주식·채권 매각대금, 증여·상속, 현금 등 그 밖의 자금, 부동산 처분대금 등을 적으면 됩니다.

　차입금 기재 항목은 금융기관 대출액 (주택담보대출, 신용대출, 그 밖의 대출) 합계, 기존 주택 보유 여부, 임대보증금, 회사지원금·사채, 그 밖의 차입금 등입니다.

📖 알면 자산이 되는 내 집 마련 전 알아야 하는 상식

이 항목별로 증빙자료도 함께 제출해야 합니다. 금융기관 예금액은 예금잔액증명서, 주식·채권 매각대금은 주식거래내역서 등 자금조달계획을 입증할만한 자료를 준비하면 됩니다.

자금조달계획서와 증빙자료는 부동산 계약 후 30일 이내 실거래가를 신고할 때 함께 제출하면 됩니다. 거래자 (매수자)가 직접 신고하거나 부동산 거래 시 중개업소에서 제출 대행해도 됩니다.

[자금조달 증빙 제출 서류]

항목별		제출 서류
자기자금	금융기관 예금액	잔고증명서, 예금잔액증명서 등
	주식 및 채권 매각 금액	주식거래내역서, 잔고증명서 등
	상속 및 증여	상속 및 증여세신고서, 납세증명서 등
	현금 등 기타	소득금액증명원, 근로소득원천징수영수증 등 소득 증빙 서류
	부동산 처분 대금 등	부동산매매계약서, 부동산임대차계약서 등
타인자금	금융기관 대출액	금융거래확인서, 부채증명서, 금융기관 대출신청서 등
	임대보증금 등	부동산 대차계약서
	회사지원금, 사채 등 차입금	금전 차용을 증빙할 수 있는 서류 등

세알못

어느 정도로 구체적으로 써야 하나요? 대출을 받아 예금 통장에 옮겨놨을 경우 예금 잔액으로 봐야 할지 대출금으로 봐야 할지도 헷갈립니다. 또 '신용대출' 기재 여부에 대해서도 궁금합니다.

 택스코디

먼저 자금조달계획서상 대출금 총합이 주택자금의 LTV 40%를 초과하면 안 된다는 우려가 있습니다. 가령 6억 원 짜리 주택을 사는데 주택담보대출을 2억 원, 신용대출을 1억 원 받으면 LTV가 50%가 되기 때문에 문제가 될 수 있는 것 아니냐는 시각이 있습니다.

더군다나 정부가 '신용대출로 집 사지 말라'는 시그널을 강하게 준 것도 매수자들에게 부담으로 작용하고 있습니다.

2020년 11월 30일부터 연봉 8,000만 원 이상 고소득자가 신용대출을 1억 원 이상 받을 때 개인 단위로 총부채원리금상환비율(DSR) 규제를 적용하고, 신용대출을 1억 원 넘게 받고 1년 내 규제지역에서 집을 사면 대출을 2주 안에 회수하도록 했습니다. 이런 상황에서 주택 구입 자금으로 신용대출을 이용하면 혹여 불이익이 돌아올 수 있으니 신용대출을 예금 잔액으로 옮겨 적겠다는 움직임도 있습니다.

하지만 LTV는 담보대출 한도에만 적용하는 것이어서 신용대출과 합산해서 LTV를 산정할 수 없으니 LTV 한도 초과는 걱정하지 않아도 됩니다. 다만 신용대출은 '신용대출' 기재란이 따로 있는 만큼 제대로 출처를 밝히는 게 현명한 방법입니다.

이 밖에 이미 지급한 가계약금도 기재해야 합니다. 가족에게 빌린 돈이나 금융기관 대출이 아닌 사적으로 빌린 돈도 자금조달계획서에 써야 합니다. 이밖에 취득세, 복비, 법무사 비용, 이사 비용 등은 주택 취득 가격에 관한 조달 계획이 아니니 적지 않아도 됩니다.

만약 자금조달계획서나 증빙자료가 미진한 경우엔 추가로 조사를 받을 수 있습니다. 한국감정원 등이 추가 요구한 증빙자료를 내지 않으면 최대 3,000만 원의 과태료를 내야 합니다. 추가 제출 자료로 소명하지 못하고 편법 증여, 대출 규정 위반 사실 등이 드러나면 주택법 위반으로 형사처벌을 받을 수도 있습니다.

 세알못

예금잔액증명서 발급일 기준은 어떻게 되나요?

택스코디

예금잔액증명서 등 모든 증빙자료는 자금조달계획서 제출일과 가장 가까운 시일 내 발급받으면 됩니다.

 세알못

계약금 등을 이미 송금해서 예금잔액증명서 발급이 안 될 경우는요?

 택스코디

통장거래내역서 등 다른 증빙자료로 대체할 수 있습니다.

 세알못

자금조달계획서에 기재했으나 아직 체결되지 않은 거래나 대출 등이 있다면요?

 택스코디

본인 소유 부동산의 매도계약이 아직 체결되지 않았거나 금융기관 대출 신청이 이뤄지지 않는 등 증빙자료 제출이 어려운 경우엔 '미제출 사유서'를 제출하면 됩니다.

 세알못

자금조달계획서 추가조사 시행 기관은 어딘가요?

 택스코디

9억 원 초과 주택은 부동산 시장 불법행위대응반에서 주관하되 한국감정원이 지원합니다. 그 이하 주택은 한국감정원이나 지자체가 각각 실시하거나 합동조사를 합니다.

 세알못

추가조사 기준은요?

 택스코디

서면자료 제출이 미진한 경우 소명 자료를 요청합니다. 추가로 받은 자료를 확인하고 편법증여 등 위반 사례로 의심되면 국세청, 편법 대출 등은 금융 당국에 통보해서 처분할 수 있도록 합니다. 명의신탁 등 주택법을 위반했을 경우 형사처벌도 할 수 있습니다.

109

세알못

추가조사 시 자료 요청 범위는요?

 택스코디

현재 인터넷 카페 등을 통해 추가조사에 관한 확인되지 않은 정보들이 많이 공유되고 있습니다. (추가조사 경험담 등에서 나온 최근 2년간 은행거래내역 제출 등처럼) 추가조사 범위가 특정된 건 아닙니다. 조사가 완료될 때까지 필요한 자료를 계속 요청하는 식입니다.

분양권 vs 입주권, 어떤 게 더 유리한가?

재건축·재개발 등 정비사업에 대한 규제 완화 기대감이 커지면서 입주권과 분양권을 통한 '내 집 마련'에 대한 관심도 높아지고 있습니다. 입주권과 분양권은 모두 시세보다 저렴하게 새 아파트에 입주할 수 있는 보증서이기 때문입니다. 다만 상품마다 등기 여부, 초기 투자비, 과세 등 내용 면에서는 차이를 보인다는 점을 고려해야 합니다.

알면 자산이 되는 내 집 마련 전 알아야 하는 상식

부알못

입주권과 분양권, 조금 더 구체적으로 설명해주세요.

택스코디

입주권은 재건축·재개발 사업장 조합원이 새집에 입주할 수 있는 권리입니다. 재개발은 토지나 주택 중 하나를, 재건축의 경우 토지와 건물의 소유권을 모두 가지고 있으면 입주권을 취득할 수 있습니다.

반면 분양권은 아파트 청약에 당첨되면 얻는 권리입니다. 조합원에게 배정된 물량을 제외한 나머지 물량에 대해 일반인과 시행사가 분양계약을 맺게 됩니다.

통상 입주권이 분양권보다 수익률이 높은 편입니다. 조합원 분양가는 일반분양가보다 저렴하게 책정되기 때문입니다. 이는 사업 지연이나 사업비 급증 등으로 발생하는 비용은 모두 조합원들이 부담해야 하기 때문입니다. 만약 일반분양 실패로 미분양이 나오면 그 추가분담금 또한 조합원들의 책임이므로 그만큼 더 많은 이익을 가져가는 구조입니다.

반대로 분양권은 입주권보다 초기 투자비용이 낮은 게 장점으로 꼽힙니다. 분양권은 전체 분양가의 10~20%에 해당하는 계약금만 지급하면 되기 때문에 입주권보다 초기 투자비용이 저렴합니다. 반면 조합원에게 주어지는 입주권은 기존 건물 평가액과 납부 청산금 등이 모두 포함돼 가격이 책정되기 때문에 초기 투자비가 상대적으로 높습니다.

참고로 입주권과 분양권 모두 주택 수 산정에 포함돼 세금 부과 기준이 달라집니다. 다만 2021년 1월 1일 이전에 취득한 분양권은 주택 수 산정에 포함되지 않습니다. 예를 들어 주택 한 채를 보유하고 분양권도 가지고 있다면 1가구 2주택자로 여겨져 중과세율이 적용됩니다.

2021년부터 분양권을 살 때 주의할 점이 늘어났습니다. 기존 1주택을 보유하고 있는 상태에서 갈아타기 목적이나 투자목적으로 분양권을 취득했다가 세금 폭탄을 맞을 수도 있습니다. 분양권 등기 시 취득세나, 비과세라고 안심했던 기존 1주택의 비과세 조건이 사라지고 중과세까지 얹어서 양도세 폭탄을 맞을 수도 있습니다.

□ **취득세**
2020년 8월 12일 이후 취득하는 분양권은 취득세 계산 시 주택 수 포함

서울에 기존 1주택을 보유한 세대가 조정대상지역 내 분양권을 취득했다면 분양권을 2주택으로 간주하여 분양권 등기 시 8%(2022년 12월 21일부터 조정대상지역 2주택자 취득세율 1~3%로 조정)의 취득세를 내야 합니다. 여러 개를 샀다면 최대 12%까지 세율이 오릅니다. 종전규정인 1 ~3%와는 매우 큰 차이입니다. 물론 나중에 팔 때 취득세는 경비처리가 되지만 납부만 취득세보다 최소한 두 세배는 더 오른 값에 팔아야 조금이라도 손에 남을 겁니다. 여기서 팁이 있다면 두 번째 취득한 분양권 등기/잔금 (취득세는 종전규정세율 납부) 후 1년 이내에 기존 주택을 팔면 취득세 중과를 피할 수 있습니다.

세알못

그렇다면 취득세 폭탄을 맞기 전에 등기 전 팔면 어떨까요? 분양권 전매 시 양도세는 얼마나 내야 하나요?

택스코디

2021년 6월 1일부터 전매하는 분양권은 보유 기간 1년 미만 시 70%, 2년 미만 시 양도차익에 대해 60%를 세금으로 내야 합니다. 과거엔 비조정대상지역이었다가 조정대상지역으로 지정된 곳은 자유롭게 전매 가능한데, 양도세도 많이 내게 됩니다. (지방세는 별도이니 실제 내야 하는 세금은 더 늘어납니다.)

분양권과 입주권은 어디까지나 '권리'이기 때문에 매입 시 유의해야 할 필요가 있습니다. 입주권은 관리처분인가가 마무리되면 확정되지만, 아직 완공되지 않은 주택의 권리인 만큼 사업 지연 등 리스크가 남아 있습니다. 반면 분양권의 경우 곧바로 주택의 소유권이 확보되는 것이 아닙니다. 중도금과 잔금을 치르고 소유권 이전 등기를 마쳐야 비로소 온전한 내 집이 되는 만큼 이러한 금액까지 구매가격에 포함해서 고려해야 합니다.

청약통장 필요 없다고?

짬 내서 맛집까지 찾아갔는데, 이미 웨이팅이 상당히 걸려 있으면 어떻게 하나요? "그냥 옆집이나 갈까?" 이러고선 줄 안서도 되는 옆집을 갈 때가 있습니다. 그래서 맛집 옆집들은 반사효과를 누리게 됩니다.

아파트 역시 마찬가지입니다. 그동안 아파트 청약 경쟁이 아주 치열했죠. 그래서 아파트는 아니지만, 아파트처럼 지은 것들 (즉 아파트의 대체재들)까지 관심을 받았습니다.

그런데 요즘처럼 아파트 경쟁이 식고 가격도 하락하면 어떻게 될까요? 맛집이 장사가 안 되면 그 옆집은 아예 문을 닫아야겠죠.

주거형 오피스텔 같은 경우엔 주거용이라고도 많이 하는데, '아파텔'이라고도 부릅니다. 아파트와 오피스텔을 합쳐서 이름을 지은 거죠. 이런 오피스텔은 원룸도 있고 큰 집도 있습니다. 큰 건 보통 아파트의 크기나 구조를 거의 똑같이 만듭니다. 이름은 오피스텔이지만 정체성은 아파트인 거죠.

부알못

그럼 그냥 아파트로 짓지, 왜 오피스텔로 지었나요?

택스코디

어디에 어떤 건물을 지을 수 있는지는 이미 법으로 정해져 있습니다. 지적도를 보게 되면 노란색, 갈색 계열은 주택을 짓는 땅이고, 붉은색 계열은 상업시설을 짓는 땅입니다. 주로 도심이거나 도로변이죠.

그런데 수요조사를 해봤더니 도심에도 집이 필요하지만, 상업지역이라서 아파트는 못 지으므로, 오피스를 집처럼 지어 탄생한 게 오피스텔, 여기서 발전한 게 아파텔입니다.

아파트 가격이 오를 땐 아파텔도 따라 오르지만, 떨어질 땐 애써 모른 체했던 단점들이 아파텔의 가격을 더 깎아버립니다.

예를 들어 숫자로는 똑같은 면적대 집이어도 아파텔이 더 좁습니다. 공용부에 포함되는 면적도 크고, 발코니도 없어서 그렇습니다. 커뮤니티 시설도 아파트와 비교하면 부족하죠. 그리고 밀도가 굉장히 높습니다. 상업지역은 용적률과 건폐율 규정이 주거지역보다 여유가 있는데, 이걸 꽉꽉 채워지어서 그렇습니다. (옆 건물과 아예 붙어 있는 경우도 많죠.)

그런데, 누구도 이런 걸 알려주지 않습니다. 그리고 이렇게 말하죠.

"고객님, 여기는요. 청약통장 필요 없어요, 대출 규제 피했어요, 주택 수에 포함 안 돼요."

참고로 아파텔은 아파트 청약할 땐 주택으로 안 보지만, 세금에선 주택으로 봅니다.

마찬가지로 도시형 생활주택, 생활형 숙박시설도 다 교묘하게 아파트인 것처럼 보입니다. 도시형 생활주택은 쉽게 말해 원룸 아파트라고 보면 됩니다. 법적으로 주택인 거죠. 1~2인 가구들을 위한 집이 필요해서 주차장 같은 규제를 완화해줘서 이런 집을 좀 지으라는 취지였습니다. 그런데 현실은 마치 아파트인 것처럼 장사들을 하고 있죠. 아파트를 지으려다 인허가가 쉬우니까 선회하는 때도 많습니다.

그리고 다음 표에 있는 생활형 숙박시설, 생활숙박시설로 용어가 조금 바뀌긴 했는데, 엄밀히 말하면 틈새, 편법 시장이었습니다.

"우리는 아파트와 거의 똑같습니다. 그런데 오피스텔보다도 규제가 없습니다."

이렇게 세일즈를 하죠. 근데 본질은 이름처럼 숙박시설입니다. 단기로 잠을 자고 가는 사람들에게 돈을 받는 집, 바로 레지던스가 생활형 숙박시설입니다. 과거에는 분양형 호텔이 대부분이었습니다. 직접 분양받아서 회원권처럼 1년에 며칠은 자고, 나머지 날짜에 대해선 운영수익을 배당받는 형태였습니다. 그런데 최근엔 아파트인 것처럼 팝니다. 이름도 아파트랑 똑같이 짓죠. 하지만 들어가 사는 건 불법입니다. 숙박업 신고가 의무화돼 있습니다. 단기임대로만 사용해야 한다는 얘기죠.

구분		아파트	주거형 오피스텔	도시형 생활주택	생활형 숙박시설
법적 용도		주택	업무 시설	주택	숙박시설
관계 법령		주택법 건축법	건축법 건축물 분양에 관한 법률	주택법 건축법	건축법, 건축물 분양에 관한 법률, 공중위생관리법
청약 통장		○	×	×	×
전매 제한		○	○	○	×
대출 규제		○	△	○	△
숙박업 등록		불가	불가	불가	필수
주택수 포함	청약	○	×	○	×
	세제	○	○	○	×

물론 이런 유형의 부동산들로도 돈을 벌 순 있습니다. 하지만 문제는 아파트와 비교했을 때 분양 과정이 굉장히 불투명하고, 제도는 모호하고, 앞으로의 공급량도 불확실하다는 점입니다.

문제는 제대로 설명을 안 해주기 때문에, 부동산을 잘 모르는 사람들은 아파트인 줄 알고 산다는 것입니다. 바로 부동산 공부를 열심히 해야 하는 이유입니다.

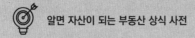
알면 자산이 되는 부동산 상식 사전

알면 자산이 되는
내 집 마련 후
알아야 하는 상식

똑띠 집주인 되기

새 아파트 입주 전 이것 꼭 점검하자

아파트 입주 전 사전점검은 필수입니다. 입주자 사전점검은 감리대상에서 제외되는 도배나 도장, 벽지, 조경 등 11개 공사에 대해 하자(瑕疵) 여부를 입주자가 미리 검증할 수 있도록 만들어 놓은 제도입니다.

 부알못

아파트 입주 전 사전점검 시기는 언제인가요?

택스코디

사전점검은 통상 입주 1~2달 전에 이뤄집니다. 입주예정자는 계약한 아파트를 점검하고, 시공사에 하자 보수를 요청할 수 있습니다. 입주예정자가 사전점검 때 발견한 하자에 대해 시공사는 입주 전까지 의무적으로 보수 조치를 마쳐야 합니다.

2021년 1월 24일부터 개정 주택법이 시행됨에 따라 '공동주택 입주예정자 사전방문 및 품질점검단 제도'가 운영되고 있습니다. 입주예정자 사전방문을 실시하는 30가구 이상 공동주택 단지가 대상입니다. 시공사는 입주가 시작되기 45일 전까지 입주예정자 사전방문을 2일 이상 실시해야 합니다. 또 입주예정자가 지적한 사항에 대한 조치계획을 수립해 시장·군수·구청장 등 사용검사권자에게 제출해야 합니다.

특히 철근콘크리트 균열과 철근 노출, 침하, 누수 및 누전, 승강기 작동 불량 등 중대한 하자는 사용검사를 받기 전까지 시공사가 적절한 조치를 해야 합니다. 입주 전 하자에 대해서는 입주 전까지 보수공사 등을 해야 하고, 조치계획에 따라 보수를 하지 않으면 500만 원의 과태료가 부과됩니다. 또 사용검사 전 중대한 하자가 해결되지 않을 때, 사용검사권자는 사용승인을 내주지 않을 수 있습니다.

입주예정자는 사전점검에서 하자 여부를 꼼꼼하게 확인해야 합니다. 입주 후 하자로 인한 불편과 법적 분쟁 등을 최소화할 수 있기 때문입니다.

사전점검은 큰 어려움이 없습니다. 시공사에서 점검 요령을 알려주고, 일목요연하게 정리된 점검목록을 나눠주기도 합니다. 또 최근에는 건설현장에서 잔뼈가 굵은 건설회사 직원을 비롯해 변호사, 부동산 전문가로 구성된 사전점검 대행업체들도 많습니다. 이들은 열화상 카메라를 비롯해 각종 첨단 장비로 하자 여부를 진단합니다.

입주예정자는 사전점검 전 분양계약서와 카탈로그를 미리 챙겨야 합니다. 분양 카탈로그나 견본주택에서 본 마감재가 입주 아파트에 시공됐는지 살펴봐야 합니다. 다른 부분이 있다면 반드시 사진으로 남겨야 합니다. 법적 분쟁 시 근거 자료로 활용할 수 있습니다.

사전점검은 현관에서부터 시작합니다. 현관문이 잘 열리는지, 도어록이 잘 작동하는지 확인해야 합니다. 또 문틀과 문의 도장 상태 등도 살펴보고, 현관문 안쪽 문틀 도배 마감 상태도 점검해야 합니다. 이후 신발장 높이와 마감 상태도 확인합니다. 현관 바닥이 타일 위치와 파손 여부, 조명 상태와 스위치 위치 등도 꼼꼼히 살펴봐야 합니다.

이어 아파트 내부 균열이나 도배, 바닥 시공 상태 등도 따져봐야 합니다. 특히 천장·벽 마감 상태, 바다 수평(기울기) 상태, 유리창 문틀 고정 및 파손, 도배지 요철 여부 및 접착 상태, 도배지 오염 및 훼손 등도 주요 점검 대상입니다.

욕실과 주방은 더욱 꼼꼼히 점검해야 합니다. 주방의 경우 싱크대와 서랍 설치 상태와 가스렌즈 후드 작동 여부 및 연결 상태 등을 확인해야 합니다. 또 주방 타일 파손 및 오염, 음식물처리기·식기세척기 등 빌트인 주방가전 작동 여부, 수도꼭지 누수 등도 점검 대상입니다.

욕실에선 누수 확인이 필수입니다. 누수로 인해 천장에 곰팡이가 없는지, 전체적으로 벽과 바닥의 타일 상태 등을 꼼꼼히 확인해야 합니다. 또 줄눈 시공, 양변기와 세면기 욕조의 설치 상태, 수납장 마감 상태, 수도꼭지·거울·수건걸이·휴지걸이 위치와 설치 상태 등도 확인해야 합니다.

사전점검을 하면서 하자를 발견했다면 점검표에 기록하고, 해당 부위에 스티커 등으로 표시해 놓아야 합니다. 또 하자 부분은 사진으로 남겨둬야 합니다. 사전점검 완료 후 점검표를 제출하면 입주 전까지 보수가 진행됩니다. 이후 보수가 제대로 됐는지 확인한 뒤 추가 보수를 요청할 수 있습니다.

일시적 2주택자, 집이 안 팔린다

 부알못

    저는 일시적 2주택자입니다. 집 사겠다는 사람이 나타났다는 부동산 중개업소의 연락만 종일 기다리는 중입니다. 오래된 주택에 살면서 '갈아타기'를 꿈꿔 왔고 거짓말처럼 주택청약에 당첨됐습니다. 운 좋게도 전용 85㎡ 초과 물량의 추첨제로 당첨됐고 기존 주택을 처분한다는 조건으로 새 아파트를 분양받을 수 있었습니다. 그때만 해도 부동산 시장이 뜨거웠기에 주택 처분 조건은 뒷전으로 한 채 마냥 신나기만 했었습니다.

 택스코디

    일시적 2주택자는 이사, 상속, 혼인 등으로 인해 일시적으로 다주택자가 된 사람으로 '투자' 목적이 아닌 '실수요'로 보기 때문에 일정 기한 내 주택만 처분하면 세금, 대출 등의 조건을 1주택자와 같게 적용합니다.

그동안 일시적 2주택자의 종전주택 처분 기한은 신규주택 취득 시점에 따라 달랐습니다. 조정대상지역 신규주택 취득일이 2018년 9월 31일 이전이면 3년, 2018년 9월 14일~2019년 12월16일 사이면 2년, 2019년 12월 17일 이후는 1년 (1년 내 전입 의무)으로 이 기한 내에 기존 주택을 처분하면 1주택으로 보고 양도세, 취득세 중과를 배제했습니다. 부동산 상승세가 잡히질 않자 유주택자들이 주택을 빨리 내놓을 수 있도록 주택 처분 기한을 점점 줄인 것입니다.

부알못 씨가 집을 살 때만 해도 추격 매수가 꾸준히 붙었을 때라 주택 매도가 쉬웠고, 분양 주택의 경우 처분 기한의 기준을 '입주 시점'부터 보기 때문에 그리 조급하지 않았습니다.

부동산 시장이 순식간에 뒤집히기 전까진 말입니다. 뜨겁게 타오르던 시장은 2022년 들어 급격히 식었습니다. 대출 규제에 집값 고점 피로감에 이어 금리까지 단기적으로 급등하면서 주택 매수 심리가 확 꺾인 탓입니다.

수요가 줄면서 어느덧 부동산 시장도 조정기에 접어들었고 일부 지역에서 '급매' 수준의 호가가 속속 등장했습니다. 그럼에도 주택 거래는 이뤄지지 않았습니다. 주택 매도가 힘들어지자 정부는 세금, 대출 규제를 조금씩 풀어나갔습니다.

일시적 2주택의 경우 새 정부 출범 후 첫 부동산 정책인 올해

6·21대책 (5월10일부터 소급 적용)을 통해 양도세 및 취득세 비과세를 적용받을 수 있는 기존 주택 (조정대상지역) 처분 기한을 기존 1년에서 2년으로 완화했고, 2023년 발표된 시행령 개정안으로 인해 조정대상지역과 비조정대상지역의 구분 없이 신규 주택을 취득하고, 3년 이내 종전 주택을 처분하면 종전주택에 대해 1주택 규정이 적용됩니다.

또 일시적 2주택자 양도세 비과세의 경우 1년 내 주택을 팔고 세대원 전원이 신규주택으로 들어와야 했던 주택 전입 요건도 삭제됐습니다.

종합부동산세도 완화됐습니다. 2022년 9월23일부터 지역이나 주택 가액 관계없이 2년 안에 기존 주택을 처분하면 종부세 특례 적용이 가능해집니다. 일반 주택 1채와 3억 원 이하 지방 저가주택 1채를 함께 보유한 2주택자도 1주택자로서 종부세를 내면 됩니다.

이로써 주택 처분 기한이 늘어난 일시적 2주택자들은 안도의 한숨을 내쉬었습니다. 규제가 완화되지 않았다면 취득세의 경우 1년 내 집을 팔지 못해 조정대상지역 2주택자로 인정되면 취득세율이 기존 1~3%에서 8%로 훌쩍 뜁니다. 같은 상황에서 양도세는 일반 세율 (6~45%)에 20%포인트를 더한 중과세율을 더할 수 있습니다.

그러나 여전히 불안함이 가시질 않습니다. 더 큰 문제는 대출이기 때문입니다. 2020년 6·17대책에 따라 규제지역 내 주택 구입을 위해 주택담보대출을 받는 경우 6개월 내 기존주택 처분 및 신규주택 전입 의무가 생긴 바 있습니다. 정부는 이 또한 올해 6·21 대책에서 2년으로 완화하고 신규주택 전입 의무도 삭제했습니다.

그런데 완화된 정책의 적용 시점이 2022년 8월 1일부터라 기존에 대출을 시행한 주택은 소급 적용이 안 됩니다. 개정 전 은행업 감독규정에 따르면 일시적 2주택자가 기존 집을 6개월 내 처분하지 못하면 주택을 구입하면서 받은 주담대가 회수되고 앞으로 3년간 주담대를 받을 수 없습니다.

따라서 부알못 씨의 경우 원래대로 입주 후 6개월 이내 기존 주택을 팔아야만 주담대도 분양권도 지킬 수 있는 셈입니다.

▌갈아타기에도 최적의 타이밍이 있다

양도소득세 고가주택 기준이 13년 만에 9억 원에서 12억 원으로 조정됐습니다. 1가구 1주택자는 12억 원 이하에 양도하면 양도소득세를 한 푼도 내지 않는다는 말입니다.

고가주택 기준이 12억 원으로 상향 조정됐지만 지금도 양도소득세를 내야 하는 1주택자의 비율은 2008년 개정 때보다 훨씬 많습니다. 즉, 2008년에 9억 원이 넘는 주택을 소유한 1주택자보다 현재 12억 원이 넘는 주택을 소유한 1주택자가 더 많다는 것입니다.

이러한 측면에서 볼 때 몇 년에 한 번씩 주기적으로 고가주택의 기준을 국민의 눈높이에 맞게 조정할 필요가 있습니다. 1주택자에게 양도소득세가 많이 부과되면 기존 집을 팔고 외곽 지역으로 이사해야 하거나 더 좁은 집으로 이사 가야 하는 모순이 생기기 때문입니다.

그렇다면 이번 세제 개편은 어떤 효과를 가져 올까요? 양도가격이 9억 원이 넘는 주택은 양도소득세가 비과세되거나 예전보다 세금이 줄어듭니다.

예를 들어 6억 원에 집을 사 12억 원에 판 1주택자의 세금을 비교해봅시다. (장기보유특별공제까지 고려하면 사례가 너무 많아져 보유 기간이 2년 이상이지만 3년이 되지 않은 집으로 한정합니다.)

과거 6억 원에 매수했다가 잔금일 기준으로 2021년 12월 7일 이전에 집을 12억 원에 판 사람이 있다면 양도소득세와 지방소득세를 합해 3,866만5,000원 정도의 세금을 내야 했습니다. 반면 이번에 세제가 개편되면서 2022년 2월 8일 이후 집을 판 사람은 양도소득세를 한 푼도 내지 않아도 됩니다. 3,900만 원에 가까운 세금이 절약되는 셈입니다.

그런데 이 절세 효과는 12억 원이 훌쩍 넘는 고가주택에도 적용됩니다. 6억 원에 집을 샀다가 18억 원에 파는 사람은 법 개정 전에는 2억3,295만 원의 세금을 내야 했습니다.

하지만 법이 개정된 현재는 1억4,432만 원만 내면 됩니다. 절세 효과가 무려 8,863만 원에 달해 12억 원에 집을 판 사람보다 절세 효과가 5,000만 원 더 많습니다. 면세 기준인 12억 원 근처에 파는 사람보다 더 비싸게 파는 사람이 더 큰 절세 효과를 보는 것입니다.

따라서 양도소득세 개편 효과는 시장에 고가주택 거래 활성화에 도움이 됩니다. 양도소득세가 무서워 갈아타기를 하지 못했던 매물이 나올 수 있다는 뜻입니다.

하지만 1주택자가 집을 파는 이유는 무주택자가 되면서 현금화하려는 목적보다 다른 집으로 갈아타기 위해서인 경우가 대부분입니다. 주택시장 전체로 볼 때 매도와 매수 수요가 같아집니다. 세제 개편으로 매물 증가를 통한 집값 하락이 나타나지 않는다는 것을 의미합니다.

그럼에도 불구하고 갈아타기가 증가할 것이라고 예상하는 이유는 '누진 과세 제도'라는 한국 세금 제도의 특성 때문입니다. 6억 원에 사 미래에 18억 원에 파는 사람은 이번에 세제가 개편됐어도 1억4,432만 원의 세금을 내야 합니다.

그런데 생각을 바꿔 봅시다. 6억 원에 어떤 집을 산 사람이 12억 원에 팔면 양도소득세를 1원도 내지 않습니다. 그리고 집값이 같은 옆집을 12억 원에 사 향후 18억 원에 판다면 5,285만5,000원을 세금으로 냅니다.

즉, 701호를 6억 원에 사 18억 원에 파는 사람보다 702호를 6억 원에 샀다가 12억 원에 팔고 703호를 12억 원에 사 나중에 701호가 팔리는 날에 703호를 18억 원에 파는 사람이 세금을 적게 내게됩니다. 한국은 양도차익이 클수록 세율 자체를 더 높게 적용하는 누진 과세 제도를 채택하고 있어 이러한 절세 기법이 가능합니다.

 부알못

그런데 702호를 팔 때는 양도소득세를 내지 않지만, 부동산 중개수수료는 발생합니다. 그리고 703호를 살 때 또 한 번 중개수수료를 부담합니다. 또 703호에 관한 취득세도 발생합니다. 그럼 어떻게 되나요?

 택스코디

이런 갈아타기 비용은 아낄 수 있는 양도소득세 절감분

보다 많지 않습니다. 취득세와 부대 세금은 3.3%, 중개수수료는 0.6%씩 두 번이므로 1.2%입니다. 합이 4.5%에 불과하고 이사 비용 등 기타 비용을 합해도 12억 원의 5%인 6,000만 원 수준입니다. 양도소득세인 5,200만 원을 더하면 1억1,200만 원입니다.

그런데 6억 원에 사 18억 원에 판 사람의 양도소득세 부담은 1억4,432만 원입니다. 정리하면 갈아타기를 시도한 사람이 3,000만 원을 버는 셈이 됩니다.

물론 장기보유특별공제나 자잘한 기타 비용, 또 이사하는데 들어가는 수고까지 생각하면 몇 푼 아끼기 위해 이사해야 하느냐고 생각할 수도 있습니다.

하지만 현실을 직시해야 합니다. 이번 기회를 통해 단독명의로 된 집을 부부 공동명의로 바꾸려는 사람이나 비슷한 가격대의 다른 지역으로 갈아타기를 시도하는 사람에겐 더없이 좋은 시기라는 것입니다.

따라서 갈아타기를 할 계획이 있는 사람들에게는 이번 세제 개편은 크나큰 기회입니다. 더 나은 집으로 갈아타기를 꿈꾸는 1주택자라면 이번 기회를 꼭 활용해보기를 바랍니다.

부동산 투자, 이제 시간을 이길 때이다

어떻게 보면 부동산 투자는 수요와 공급의 지루한 심리 게임입니다. 시간과의 싸움인 거죠. 대부분 투자자는 시간과의 싸움에서 집니다. 너무 빠른 시기에 매도를 선택하든지, 기다리다 지쳐 팔고 나면 가격이 오릅니다. 너무 빨라도 안 되고 너무 늦으면 위험할 수 있습니다. 어깨에 사서 무릎에서 팔라는 주식시장의 격언은 시간과의 싸움이 그만큼 어렵다는 의미입니다. 그게 아니라면 머리에서 사서 발에서 팔라고 말하겠죠.

주식시장에서 시간과의 싸움에 이기는 방법 중 하나는 적립식으로 투자하는 겁니다. 투자 시점을 분산하면 시간이 고려 대상에서 사라지니 상품에 집중하게 됩니다. 상품에 집중하는 것이 가장 좋은 전략임을 모두 알지만, 극소수의 투자자들만 이렇게 행동합니다. 그러다 보니 적립식이라는 강제적인 방법을 동원하는 겁니다.

부동산도 마찬가지인데, 2017년에 투자한 상품과 2021년에 투자한 상품의 수익률은 다릅니다. 상품도 중요하지만, 타이밍을 무시할 수는 없습니다. 이러다 보니 자꾸 시간에 관심이 가고 상품보다는 타이밍에 집중하게 됩니다.

부알못

그러나 시간을 이기는 부동산 투자는 쉽지 않아 보입니다. 주식과 다르게 부동산 투자는 한 번에 목돈이 들어가기도 하고 매도 시점이 수익률에 엄청난 영향을 미치기 때문입니다. 언제 사고 언제 팔지를 신경 쓰지 말라는 것은 투자하지 말라는 거로 받아들여집니다.

택스코디

그래도 방법은 있습니다.

첫 번째는 적립식 주식투자와 마찬가지로 강제적으로 시간의 굴레에서 벗어나게 만드는 겁니다. 임대사업자로 등록하는 방법이 있습니다. 현재 아파트는 임대사업자 등록이 되지 않는데 새 정부 들어 규제 완화가 어떻게 진행될지 지켜볼 필요가 있습니다. 임대사업자로 등록한 기간은 답답하겠지만 시간을 이길 수 있습니다. 당분간 주택을 팔 수 없다는 가정을 하고 어떤 주택을 매입하려면 정말 많은 고민을 해야 합니다. 좋은 상품을 선택하는 것도 중요하지만 최소 10년 앞을 내다보고 부동산 시장을 예측해야 합니다. 상품에 관련한 자신도 확보해야 하지만, 시장에 대한 확신도 있어야 합니다. 바람직한 투자자가 될 수밖에 없는 거죠.

두 번째는 어느 정도는 월세가 잘 나오는 상품을 선택하는 겁니다. 과거와 다르게 최근에는 월세 받는 부동산과 전세 받아 시세차익을 내는 부동산 간 구분이 비교적 뚜렷해지고 있습니다. 2022년 5월 주택 임대차시장에서 월세의 비중은 60%에 가깝습니다. 부동산 투자수익은 운영수익과 자본수익으로 나눌 수 있습니다. 운영수익은 월세와 같이 매달 일정한 금액이 유입되는 현금흐름입니다. 자본수익은 팔 때 발생하는 시세차익입니다. 세법에서 양도차익이라고 말하는 그것입니다. 투자수익은 이 두 가지가 더해져 발생합니다. 과거에는 월세 받는 아파트가 거의 없었기 때문에 이런 식의 구분은 큰 의미가 없었습니다. 그러나 지금은 전세에서 월세로 임대차 계약이 바뀌고 있어 이런 아파트들이 더는 희소하지 않습니다.

부동산 투자를 해본 사람이라면 월세가 잘 나오는 부동산은 시세차익이 많이 나지 않는다는 것을 알고 있을 것입니다. 또 시세차익이 괜찮은 부동산은 월세가 시원찮습니다. 따라서 어느 정도 월세가 잘 나오는 상품은 시세차익을 염두에 두지 않는 것이 좋습니다. 시세차익의 고민에서 해결되면 언제 팔아야 하고 어느 시점에서 매입해야 하는지의 굴레에서 해방될 수 있습니다. 완벽한 것은 아니지만 월세가 잘 나오는 지역과 상품에 집중하게 됩니다. 시세차익은 덤이라는 새로운 투자인식으로 무장하면 오롯이 상품에 전념할 수 있습니다.

선진국의 주식투자자들은 대부분 배당에 집중합니다. 배당을 잘 주는 기업의 주식을 좋은 상품으로 판단합니다. 배당이란 매달 받는 월세를 특정한 기간 동안 모아놓는 것이나 다름없습니다. 주식을 보유함으로써 얻는 시세차익은 덤이라고 생각합니다. 우리 부동산투자자들도 이제는 이런 선진국 주식투자자와 마찬가지의 투자 자세를 견지하는 자세가 필요합니다.

시간을 이기는 투자는 기본적으로는 상품에 집중하는 투자방식입니다. 상품에 집중하게 되면 잘 맞지도 않는 부동산 시장의 예측은 무시해도 됩니다. 사실 부동산 시장이 오르고 내리는 데에는 여러 이유가 있겠지만 너무 많은 변수에 좌우되기 때문에 이를 정확하게 예측한다는 것은 거의 불가능합니다. 불가능한 일에 매달려 시간과 노력을 허비하는 것보다는 좋은 상품을 고르는데 집중하는 것이 바람직한 투자자의 자세입니다. 이제 부동산투자자들도 시간을 이기는 투자를 고려할 때입니다. '고령화'와 '저성장'은 반드시 임대사업자를 늘리고 월세 받는 상품을 부각할 것이기 때문입니다.

집주인이라면 꼭 알아야 할 부동산 세금

집을 사면 60일 이내에 취득세를 내야 한다

'내 집 마련'에 대한 로망을 가지는 사람들은 많지만, 집주인이 부담해야 하는 세금들에 대해서는 정작 제대로 알지 못하는 경우가 많습니다.

집을 산 뒤 실거래 신고를 하고 그에 따른 취득세를 계산해 내야 하는 것도, 집을 가지고 있다가 7월과 9월이 되면 재산세를 내야 하는 것도 경험해보지 않으면 막막하고 생소할 수밖에 없습니다. 세금에 대해 제대로 알지 못하면 집주인의 삶은 로망이 아니고 현실이 됩니다.

 부알못

집을 사고 나면 어떤 세금을 관리하고 내야 하는가요?

택스코디

부동산을 사게 되면 취득세라는 세금을 내야 합니다. 취득세는 매매나 신축, 교환, 상속, 증여 등의 방법으로 부동산의 소유권을 갖게 될 때 내는 세금입니다. 쉽게 말하면 "내가 이 집 주인이다!" 하고 공식적으로 신고를 하면서 부동산의 소재지가 속한 시청, 군청 혹은 구청에 내 것이 되었다는 증거로 취득세를 내는 것입니다.

이 세금은 부동산을 취득한 날부터 60일 이내에 내야 합니다. 늦게 내면 무신고가산세와 납부불성실가산세 같은 가산세가 붙으니 기간을 꼭 지켜야 합니다.

 부알못

취득세는 얼마 정도를 내면 되는 건가요?

 택스코디

취득세는 6억 원 이하의 주택을 기준으로 매매가의 1%에 지방교육세 0.1%를 더해 내면 됩니다. 3억 원짜리 주택을 산 경우, 330만 원 (취득세 300만 원 + 지방교육세 30만 원)을 내면 됩니다. 다만, 대가 없이 부동산을 상속·증여받는 경우에는 별도로 상속세나 증여세를 내야 합니다.

참고로 취득세는 분납이 아닌 전액을 한꺼번에 내는 것이 원칙입니다. 또 취득세 신고를 제대로 하지 않은 경우, 미납세액의 20%가 가산세로 부과됩니다.

그런데 취득세의 부과 시점을 결정하는 취득 시기는 상황에 따라 차이가 있습니다. 먼저 일반적인 유상 매매의 경우, 계약상의 잔금 지급일이 취득 시기가 됩니다. 만약 잔금 지급일이 명시되지 않았다면 계약일 부터 30일이 경과되는 날이 기준일이 됩니다.

그리고 증여는 증여일 (증여 계약서를 작성한 날), 상속은 피상속인이 사망한 날 (상속개시일)을 기준으로 취득 시기가 정해집니다.

 세알못

취득일 전에 등기부터 하면 어떻게 되나요?

 택스코디

취득일 전에 등기한 경우에는 등기일이 취득 시기가 됩니다. 잔금의 지급 여부와 상관없이 소유권이 이전되었으므로 그 시기를 앞당겨 정하게 됩니다.

그런데 재건축이나 재개발 조합원이 취득한 아파트의 취득 시기는 위의 경우와 조금 다릅니다. 조합원은 자신의 헌 집을 헐고 새집을 짓는 개념이므로, 보통 집이 완공된 시점을 기준으로 정해집니다. 그런데 조합원이 아닌 분양자는 신축이 아니라 돈을 주고 사는 것이기에 원칙적으로 잔금지급일 (정산일)이 취득 시기가 됩니다.

집을 사고파는 시점이 중요하다

 부알못

연도 중에 매매해서 부동산의 소유권이 바뀌게 되면, 그 재산에 대한 1년 치의 보유세 (재산세와 종합부동산세)는 누가 내나요?

 택스코디

보유세인 재산세와 종합부동산세는 특정 시점에 그 부동산을 보유하고 있는 사람이 1년 치의 세금을 모두 내야 합니다. 그러므로 부동산을 사고파는 시점이 중요합니다.

토지에 대한 재산세는 매년 9월, 일반 건축물에 대한 재산세는 매년 7월, 주택에 대한 재산세는 매년 7월과 9월에 반반 나뉘어 부과됩니다. 그리고 종합부동산세는 매년 12월에 관할 세무서장이 해당 납세자에게 고지서를 발부해 징수합니다.

이런 보유세 납부는 매년 7월과 9월, 12월이지만, 그 과세 기준일은 매년 6월 1일입니다. (1년 중에 며칠 동안 부동산을 보유하고 있었는지 따지는 게 아니라, 매년 6월 1일 현재 그 부동산의 소유자로 되어 있는 사람에게 1년 치의 보유세를 부과합니다.)

그러므로 보유세를 절세하려면 부동산을 파는 사람은 6월 1일 전에 팔고, 부동산을 사는 사람은 6월 1일 이후에 사야 합니다.

 부알못

그렇다면 부동산을 거래할 때 소유권이 이전되는 시점은 언제로 보나요?

 택스코디

대부분 부동산을 거래할 때는 계약금과 중도금, 잔금으로 대금을 나누어 주고받는데, 세법에서는 원칙적으로 잔금을 주고받은 날을 소유권이 이전된 날로 판단합니다.

부알못

잔금을 치르기 전에 소유권이전등기를 하면 어떻게 되나요?

 택스코디

그런 경우에는 등기 접수일을 소유권이 이전된 날로 봅니다.

그러므로 부동산을 사는 사람은 매매계약은 6월 1일 전에 하더라도 잔금 지급일과 소유권이전등기는 6월 1일 이후에 해야 그해의 보유세는 피할 수 있습니다.

참고로 상속으로 인한 소유권 이전 시기는 상속개시일(피상속인의 사망일), 증여의 경우에는 증여계약일이 아닌 증여등기 접수일을 소유권 이전 시기로 봅니다.

 부알못

아파트를 6월 2일에 팔았는데, 재산세를 내야 하나요?

 택스코디

위에서 본 것처럼 재산세의 납세의무자는 과세 기준일

(6월1일) 현재의 소유자입니다. 6월 2일에 매매했다면, 매도인이 납세의무자가 됩니다. (이때의 소유자는 잔금지급일과 등기 접수일 중 빠른 날을 기준으로 결정합니다.)

세알못

8월에 집을 팔았는데, 9월에 고지서가 날아왔습니다.

택스코디

재산세는 6월 1일 현재 소유자에게 7월과 9월 2회에 걸쳐 나눠 부과됩니다. 7월에 주택 전체세액의 50%와 건축물에 대한 재산세가 부과되고, 9월에는 주택 전체세액의 나머지 50%와 토지에 대한 재산세가 부과됩니다. 6월 1일에 소유했던 주택의 재산세는 모두 해당 소유자가 납세자입니다.

세알못

10월에 집을 팔았는데, 이미 낸 재산세 환급이 되나요?

택스코디

다시 강조하자면 재산세는 6월 1일 현재 소유자에게 부과하는 것으로 일할 계산해서 부과하거나 환급하지는 않습니다.

 부알못

5월에 분양받아 등기 안 된 아파트도 재산세를 내야 하나요?

 택스코디

공부에 등재되지 않아도 사실 현황에 따라 재산세가 부과됩니다. 취득 시기인 잔금지급일과 등기 접수일 중 빠른 날이 6월 1일에 해당하면 그 소유자가 납세의무자가 됩니다.

종합부동산세, 부동산 투자를 꿈꾼다면 꼭 알아야 한다

공시가격이 상승하면서 종합부동산세 과세 대상자가 2021년보다 약 28만 명 늘었다고 합니다. 고지서를 받은 납세자는 은행이나 우체국 이외에도 홈택스와 손택스를 통해 납부할 수 있습니다.

부알못

종합부동산세 과세는 어떻게 이뤄지나요?

택스코디

주택 또는 토지 보유자에 대해 1차로 부동산 소재지 관할 시·군·구에서 재산세를 부과합니다. 2차로는 전국에 소재한 각 유형별 (주택, 종합·별도합산토지) 과세대상 재산을 인별로 합산한 가액이 각 유형별 공제액을 초과하는 경우 종부세를 결정해 부과합니다.

부알못

종합부동산세 과세 기준이 되는 공시가격은 무엇을 말하나요?

택스코디

매년 1월 1일을 기준으로 국토교통부장관과 시장·군수·구청장이 공시하는 가격을 말합니다. 공동주택과 표준 단독주택 및 표준지는 국토교통부장관이, 그 외 단독주택 및 토지는 부동산 소재지 관할 시장·군수·구청장이 가격을 공시합니다.

주택 공시가격은 4월 말, 토지 공시가격은 5월 말에 공시되며 공시가격은 국토교통부 또는 물건소재지 관할 시·군·구 누리집 (홈페이지)에서 확인이 가능합니다.

 부알못

주택분 종부세를 계산할 때 과거와 달라진 점은요?

 택스코디

공정시장가액비율이 60%로 인하되고 일시적 2주택·상속주택·지방 저가주택에 대한 특례가 도입됐습니다. 특례 요건을 갖춘 납세자가 신청하면 1세대 1주택자 계산방식을 적용할 수 있게 됐습니다.

 부알못

과세대상 물건 명세를 확인하는 방법은요?

 택스코디

인터넷 납세서비스인 홈택스에서 과세대상 물건 (주택·토지)

와 세액계산 상세 내역을 조회할 수 있고 자료를 내려받을 수 있습니다. 홈택스 이용이 어려운 납세자는 관할 세무서에서 본인확인 절차를 거친 후 물건 명세 및 세액 내역을 확인할 수 있습니다.

부알못

종부세 합산배제 물건을 보유하고 있음에도 기한 내 신고하지 못했다면요?

택스코디

종합부동산세 비과세되는 임대주택 등 합산배제 요건 (지자체, 세무서 사업자등록 등)을 갖춘 임대사업자가 신고기간 (9월 30일까지) 내에 신고하지 못한 경우에는 종합부동산세 납부 기간 (12월 1일~15일)까지 추가로 합산배제 신청할 수 있습니다.

이 경우는 고지와 관계없이 신고서를 작성해 관할 세무서에 제출하고 납부세액은 금융기관 등에 내야 합니다.

부알못

종부세 합산배제 (비과세) 신고를 잘못한 경우에는요?

택스코디

　종합부동산세가 비과세되는 임대주택 등에 해당하지 않는데 합산배제 신고한 경우, 신고 기간 (12월 1일~15일)에 과세 대상으로 정정해 신고해야 합니다. 미신고시 요건 충족 여부 등을 확인해 추징하게 됩니다.

　따라서 합산배제 신고 기간 (9월 16~30일)에 잘못 신고한 경우에는 정기 납부 기간 (12월 1일~15일)에 과세대상으로 신고해야 합니다.

 부알못

　1주택을 배우자 또는 가족과 공동 소유할 때 공제액은요?

 택스코디

　종합부동산세 1세대 1주택자란 세대원 중 1명만이 주택분 재산세 과세 대상인 1주택을 단독으로 소유한 경우를 의미합니다. 배우자 또는 세대원이 공동으로 소유하고 있는 경우 지분 소유자별로 각각 6억 원씩 공제합니다. 다만, 부부 공동명의 1주택자는 별도로 신청하면 1세대 1주택 세액계산 방식을 적용받을 수 있습니다.

부부가 주택과 부속토지를 나눠 각각 보유했더라도 다른 세대원이 보유하지 않은 상황에는 부부 공동명의 1주택자 과세특례를 적용받을 수 있습니다.

 부알못

상속받은 주택도 주택 수에 포함되나요?

 택스코디

주택을 상속받았다면 상속일로부터 5년간은 1세대 1주택자를 판정할 때 또는 세율을 적용할 때 주택 수 에서 제외됩니다. 상속일로부터 5년이 지난 후 에도 지분율이 40% 이하거나 지분율에 상당하는 공시가격이 6억 원 (수도권 밖 3억 원)이하라면 주택 수 에서 제외됩니다.

 부알못

상속받은 주택도 주택 수에 포함되나요?

 택스코디

주택을 상속받았다면 상속일로부터 5년간은 1세대 1주

택자를 판정할 때 또는 세율을 적용할 때 주택 수에서 제외됩니다.

 부알못

일시적 2주택, 상속주택, 지방 저가주택의 과세 방법은요?

 택스코디

1세대 1주택자가 특례 요건을 갖춘 일시적 2주택, 상속주택, 지방 저가주택을 함께 보유한 경우 1세대 1주택자 특례를 적용받을 수 있습니다. 이들은 과세표준에 합산해 세액계산 하므로 종합부동산세가 부과됩니다.

다만, 특례 대상 주택은 과세표준에 합산한 공시가격 12억 원 (1세대 1주택자 공제금액, 종전 11억 원)을 공제하며 해당 주택에 대해서는 세액공제를 적용하지 않습니다.

 부알못

종부세 전자신고 방법은요?

택스코디

공동인증서를 이용해 홈택스에 접속한 다음 아래 접근 경로에 따라서 신고, 납부가 가능합니다. 공동인증서가 없거나 홈택스 이용이 어려워 신고서를 직접 작성해 제출하려면 신고 서식을 국세청 누리집에서 내려 받아 작성해서 우편으로 제출하거나 관할 세무서를 방문해 신고서 작성 후 제출하고 내면 됩니다.

> **홈택스 홈페이지** ⇨ **공동인증서 로그인** ⇨ **신고/납부** ⇨ **세금신고** ⇨ **종합부동산세** ⇨ **정기신고**

 부알못

종부세 관련 궁금증이 더 있다면, 어디로 문의해야 하나요?

 택스코디

종합부동산세와 관련해 궁금한 사항은 국세청 누리집에 게시된 각종 도움자료를 참조하거나 납부고지서에 기재된 관할 세무서 담당자 또는 국세청 국세상담센터 (국번 없이 ☎126)에 문의하면 안내받을 수 있습니다.

1세대 1주택 비과세 확인부터 해보자

양도소득을 알려면 양도차익, 즉 시세차익을 알아야 합니다. 양도가격에 취득가격을 뺀 것이 바로 양도차익입니다. 취득가격에는 필요경비도 포함합니다. 취득세나 취득 후 소송비용, 수선비 등이 포함됩니다. 이에 양도차익에서 장기보유 특별공제금액과 기본공제를 뺍니다. 이것이 바로 과세표준입니다. 여기에 세율을 적용하면 되죠.

$$양도소득세 = 과세표준 \times 세율$$

장기보유특별공제는 말 그대로 주택을 오래 보유한 사람에게 세제 혜택을 주는 것입니다. 1주택자의 경우 장특공제는 최대 10년, 80%까지 적용됩니다. 예전에는 보유만 하면 매년 8%씩 공제율이 올라갔는데, 2021년부터는 보유 4%·거주 4%를 해야 매년 8%씩 공제율이 올라가게 됩니다.

장특공제를 받기 위해서는 2021년부터 무조건 '2년 이상 거주'해야 합니다. 원래는 3년 이상 보유 시 연 8% 장특공제를 적용받을 수 있었는데 점점 실거주 요건이 강화되는 모습입니다. 1가구

1주택자지만 2년 거주하지 않은 경우, 또는 비조정대상지역내 다주택자는 연 2%씩 15년 보유 시 최대 30%까지만 공제되는 일반공제가 적용됩니다.

이외에도 미등기 양도 시 (등기이전 안 한 경우), 해외 소재 부동산인 경우, 다주택자가 조정대상지역 내 부동산을 처분하는 경우에는 이같은 장특공제를 아예 받을 수 없습니다.

이어 기본공제는 보유 기간, 과세대상에 상관없이 연 250만 원 공제됩니다. 소득별 공제가 이뤄지기 때문에 예를 들어 주식과 부동산을 양도한 경우 각각 250만 원씩 공제가 가능합니다. 부부 공동명의인 경우에도 각각 250만 원씩, 500만 원이 공제 가능합니다.

그런데 1세대 1주택 비과세 혜택을 받으면 양도소득세를 한 푼도 안 내도 됩니다. 집값 상승에 따른 이익 전부를 고스란히 내 주머니로 가져갈 수 있는 것입니다. (단 양도가액이 12억 원을 초과하는 경우 초과한 양도차익은 비과세 되지 않습니다.) 그러므로 집이 있다면 반드시 1세대 1주택 비과세 요건을 갖추도록 합시다.

1세대 1주택 비과세는 거주자인 1세대가 양도일 현재 국내에 1주택을 보유하고 다음의 요건을 모두 갖추고 양도하는 경우에 적용합니다.

□ **보유 기간이 2년 이상일 것** (취득 당시 조정대상지역에 있는 주택은 보유 기간 중 거주기간이 2년 이상일 것)

□ **양도 당시 주택이 고가주택** (실지거래가액 12억 원 초과)**에 해당하지 않을 것**

 부알못

1세대란 무엇을 말하나요?

 택스코디

거주자 및 그 배우자가 그들과 같은 주소 또는 거소에서 생계를 같이 하는 자와 함께 구성하는 가족 단위를 말합니다.

1세대 1주택 비과세 주택의 보유 기간은 2년 이상이어야 합니다. 주택의 보유 기간은 원칙적으로 주택의 취득일부터 양도일까지 계산합니다.

2017년 8월 2일 부동산 대책 발표에 따라 취득 당시 조정대상지역에 있는 주택은 보유 기간 중에 거주기간이 2년 이상이면 비과세를 적용하도록 개정되었습니다. 따라서 양도 당시 조정대상지역에서 해제되더라도 취득 당시 조정대상지역에 있는 주택은 거주기간이 2년 이상일 때만 비과세를 적용합니다. 여기서 거주기간은 주민등록표 등본에 따른 전입일 부터 전출일 까지의 기간입니다.

조정대상지역을 주의하라

정부는 부동산 과열이 예상되는 지역을 조정대상지역으로 묶어 주택의 취득과 보유, 매매과정에 각종 규제를 적용하고 있습니다.

최근 3개월간 집값 상승률이 물가상승률의 1.3배를 초과한 지역이나 2개월 이상 평균 청약 경쟁률이 5대 1을 초과한 지역이 조정대상지역으로 지정되는데, 조정대상지역으로 지정되면, 대출 규제와 세금 중과 등의 다양한 불이익을 받게 됩니다.

LTV (은행에서 주택을 담보로 받을 수 있는 대출 가능 한도)와 DTI (금융부채 상환능력을 소득으로 따져 대출한도를 정하는 비율) 적용비율이 제한되고, 분양권 전매와 1순위 청약자격 규제를 받으며, 주택의 취득과 보유, 양도 시 단계별로 세금 부담이 많이 증가합니다.

특히 조정대상지역은 부동산 시장 상황에 따라 수시로 지정되거나 지정, 해제되기 때문에, 해당 지역 주택을 취득, 보유, 매매하는 경우 각별한 주의가 필요합니다.

또 조정대상지역의 주택은 1세대 1주택 양도소득세 비과세 혜택을 받기가 까다롭습니다.

1세대 1주택인 경우에는 양도가액 12억 원 이하에 대한 양도세를 100% 감면받고, 12억 원 초과분도 낮은 세율과 높은 공제율을 적용해 세금 부담을 덜 수 있습니다.

이때, 1세대 1주택으로 인정받기 위해서는 해당 주택을 2년 이상 보유하면 되지만, 조정대상지역에 있는 주택이라면 2년 이상 보유뿐만 아니라 2년 이상 거주까지 해야만 비과세 혜택을 받을 수 있습니다. 2017년 8월 3일 이후 조정대상지역에 취득한 주택은 모두 '2년 보유+2년 거주' 요건을 갖춰야 비과세대상이 됩니다.

단, 2년 거주요건은 '취득일 기준'으로 적용됩니다. 비조정대상지역일 때 취득했다가 취득 이후 신규로 조정대상지역에 포함된 경우라면 2년 보유 요건만 갖춰도 1세대 1주택 양도세 비과세를 적용받을 수 있습니다.

반대로 취득할 때에는 조정대상지역이었지만 양도 전에 조정대상지역에서 해제된 경우에는 취득일에 조정대상지역에 있었기 때문에 2년 거주요건을 갖춰야만 비과세가 됩니다.

이사 등의 이유로 일시적으로 2주택이 된 경우에도 1세대 1주택으로 보고 양도소득세 비과세 혜택을 줍니다. 이때 '일시적'으로 인정되는 기간은 3년인데, 조정대상지역에서 벌어지는 일이라면 이 기간이 2년으로 줄어듭니다. 조정대상지역에서 조정대상지역으로 이사하는 경우 이사 후 2년 이내에 종전에 살던 집을 팔아야만 일시적인 2주택으로 인정된다는 뜻입니다. (2023년 발표된 시행령 개정안으로 인해 지역에 상관없이 3년 이내 종전 주택을 처분하면 종전주택에 대해 1주택 규정이 적용됩니다.)

이때 조정대상지역에서 조정대상지역으로 이사하는 경우가 아니라 비조정대상지역에서 조정대상지역으로 이사하거나 조정대상지역에서 비조정대상지역으로 이사하는 경우에는 3년 내에만 종전주택을 양도하면 됩니다.

또 다주택자가 보유한 주택이 조정대상지역에 있다면, 이 주택을 양도할 때에는 양도소득세가 무겁게 매겨집니다. 2주택은 기본세율에 20%를 더해 중과하고, 3주택 이상은 30%를 중과합니다. 그리고 장기보유특별공제도 받지 못합니다.

다주택자의 양도소득세 중과 여부는 '양도일 현재'를 기준으로 판단합니다. 조정대상지역으로 지정되기 전에 취득했더라도 양도 시점에 조정대상지역으로 지정돼 있다면 양도소득세가 중과됩니다. 다만 조정대상지역 공고 이전에 매매계약을 체결하고 계약금을 받은 경우에는 양도소득세가 중과되지 않습니다.

다주택자가 조정대상지역에 주택을 보유하고 있다면, 보유세인 종합부동산세 부담도 많이 늘어납니다.

조정대상지역 3주택자 부터 (종전 2주택자) 기본세율에 0.6~3%p 높은 세율로 종부세를 내야 하고 세부담 상한도 조정대상지역이 아닌 일반지역 2주택 (150%)의 갑절인 300% (3주택과 동일)가 적용됩니다. 여기서 세부담상한은 재산세와 종부세를 합한 보유세 합계액이 전년도보다 일정 비율 이상 급격하게 오르지 못하도록 상한을 두는 제도입니다. 산술적으로 조정대상지역 2주택이나 3주택 이상은 전년 대비 세부담이 갑절까지 오를 수도 있습니다.

조정대상지역의 주택은 취득할 때 취득세도 무겁게 내야 합니다. 1세대 1주택인 경우 조정대상지역 여부에 따른 취득세 변화가 없지만, 조정대상지역에서 새로 주택을 취득해 3주택자가 된다면 집값의 무려 6%(종전 12%)를 취득세로 내야 합니다.

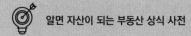**알면 자산이 되는 부동산 상식 사전**

- 임대사업자가 꼭 알아야 할 부동산 상식
- 임대사업자가 꼭 알아야 할 세금 상식

알면 자산이 되는
임대인 상식

임대사업자가 꼭 알아야 할 부동산 상식

부동산 시장 흐름, 일정한 패턴이 있다

IMF 시절엔 모든 자산 가치가 폭락하면서 우리나라 경제는 거의 멈췄습니다. 정부는 내수를 살리기 위해 5차례 이상의 각종 부양책을 쏟아냈습니다. 그로 인해 전국의 모든 아파트 가격이 오릅니다. 당시 서울 재건축아파트는 하루 사이에 몇 천만 원이 뛸 때였습니다. 지방의 자산가들이 몰렸고 서울 강남의 아파트를 사들입니다. 2007년 부산과 서울 아파트 가격 차이가 평균 3억 원까지 벌어지게 됩니다.

수도권의 호시절은 오래가지 못했습니다. 4~5년간 폭등하던 집값은 글로벌 금융위기를 맞으며 다시 하락합니다. 그런데 이상한 현상이 벌어집니다. 전 세계 집값이 하락하는데 부산을 비롯한 지방의 집값이 오르기 시작합니다.

대부분 사람은 자신의 전 재산과도 같은 부동산을 너무 감성적으로 대하죠. 그로 인해 많이 올랐을 때 사고, 많이 떨어졌을 때 파는 걸 반복하기도 합니다. 하수의 전형적인 실패의 패턴입니다.

아파트 전세가격이 오르는 것은 하나의 징후입니다. 아파트가 오르고 나면 다음엔 단독주택과 다세대주택 가격이 오릅니다. 그 후엔 주택 신축 수요가 증가해 교통이 좋은 역세권부터 도심지의 토지 가격이 상승합니다.

부알못

부동산 투자의 적기는 언제인가요?

택스코디

부동산 투자는 좋은 타이밍 잡기가 출발점입니다. 그래서 전반적인 시장 흐름을 분석할 줄 알아야 합니다. 대부분 투자자는 시장 과열 상태에서 뛰어들곤 합니다. 집값이 급등할 때 투자를 하는 건 상당히 위험합니다. 오를 때가 있으면 내릴 때가 있죠. 시장의 흐름은 늘 움직이기 때문입니다.

우리나라 부동산 시장을 가장 크게 좌우하는 아이템이 바로 아파트입니다. 아파트가 크게 오르고 나면 상가와 토지, 건물이 같이 움직이거나 시간차를 두고 들썩이죠.

재고 아파트 가격이 상승하면 분양 시장이 호황세를 맞이하고, 이어 재개발, 재건축 현장의 인기 급등으로 이어집니다. 재고 아파트 가격이 오른다는 것은 수요자가 늘어나고 있다는 얘기죠. 이때는 신규 아파트로 갈아타려는 수요자도 증가합니다. 따라서 새롭게 분양하는 아파트 인기가 높아집니다. 이렇게 분양이 잘 되다 보면 더 좋은 입지의 아파트를 찾게 되죠. 그것이 재개발, 재건축 사업장들입니다. 이들 사업장은 40년 이상 된 구도심에 자리하고 있어 조금만 개발되어도 교통과 교육 등 기본 인프라 조건이 좋아지는 장점이 있습니다.

고수들은 이런 부동산 시장 흐름을 파악한 후 각각의 부동산 특성을 알고 투자하므로 성공할 확률이 높아지게 됩니다.

부동산 시장 흐름을 크게 좌우하는 두 가지 요소는 정부의 부동산 대책과 공급물량입니다.

경기가 침체하면 정부는 적극적으로 부동산 부양책을 내놓습니다. 반면 주택시장이 과열되면 정부는 또 나섭니다. 정부는 부동산 시장에 개입해 시장의 흐름을 바꾸곤 합니다. 결국, 시장은 반복적으로 오르락내리락하는 현상이 나타나는데, 이것이 흐름입니다.

과거 1970년대에는 수도권 개발이 한창 진행되었습니다. 토지 투자가 과열 양상을 띠게 되자 정부는 토지 양도세와 재산세를 강화합니다.

1980년대에는 주택 부족 현상으로 택지 공급 확대와 신도시 건설 투자가 기승을 부렸습니다. 이에 정부는 투기억제책으로 종합토지세와 토지 공개념 3법을 도입합니다. 그러다 주택 200만 호 건설로 인해 시장이 침체 되자 다시 부양책을 발표합니다.

1990년대 후반 IMF 사태가 터졌습니다. 분양가 자율화와 전매 허용, 양도세 한시 면제, 중도금 지원, 재건축아파트 자금 지원 등 부양책이 쏟아졌습니다.

2000년대에는 재건축아파트 가격 상승 폭이 커지면서 재건축 관련 구제가 무더기로 나왔습니다. 투기 자본이 난리를 치자 2007년 1월 분양가 상한제와 원가 공개, 담보대출 제한, 전매 제한 조치가 떨어졌습니다. 재건축아파트 상승세가 꺾이는 계기가 됩니다. 그 무렵 글로벌 금융위기가 찾아옵니다. 그러자 정부는 다시 부양책을 내놓게 됩니다.

그런데 부동산 대책으로 부동산 가격이 하락했던 경우는 한 번도 없었습니다. 아무리 강한 규제책이 도입되어도 부동산 시장은 관망세를 보이며 가격 하락으로 이어지지 않았습니다. 반면 부양책은 대부분 효과가 있었습니다.

시장 흐름을 만드는 두 번째 요소는 공급물량입니다. 아파트 공급이 수요보다 많으면 정부 부양책도 백약무효입니다. 부동산 정책보다 더 중요한 변수가 공급물량입니다. 입주 물량으로 보는 것이 더 정확합니다.

우리나라에선 아파트 공급물량이 대부분 선분양입니다. 분양과 입주 시점에 시간차가 발생합니다. 그런데 분양과 입주, 이 두 가지 중 시장에 영향을 미치는 것은 후자입니다.

새 아파트를 장만하려면 견본주택도 보고 청약하고 분양을 받습니다. 새집으로 이사를 하는 시기는 2~3년이 흘러야 합니다. 이 과정에서 기존에 살던 집이 쏟아집니다. 공급물량이 쏟아지니 자연히 집값은 내려갑니다.

우리나라에서도 대량의 공급이 이뤄진 때가 있었습니다. 1989년 주택 200만 호 건설이 발표되고, 입주는 1991년부터였습니다. 경제 위기를 빼고 인위적으로 집값이 내려간 건 이때가 거의 유일합니다.

2000년대 들어선 형편이 달라집니다. 2004년 카드 대란 후 수도권 집값이 급등합니다. 그런데 지방은 꼼짝하지 않았습니다. 바로 입주 물량 때문입니다. 분양 물량이 카드 대란을 겪으면서 제대로 소화를 하지 못한 상태였습니다. 입주 시기가 되었지만 모두 미분양으로 남게 된 것입니다.

정리하면 과거 사례를 보아 알 수 있듯이 아무리 좋은 부동산 대책이 있더라도 공급물량이 많다면 가격 상승은 기대하기 어렵습니다.

다주택자, 싸고 작은 집을 사들인 이유는?

1년 전만 해도 서울과 수도권 대부분 주택은 조정대상지역 등으로 묶여서 취득에서부터 보유, 양도에 이르는 모든 단계에서의 각종 세금규제를 받았습니다. 다주택자의 경우 취득세와 양도소득세는 중과되고, 종합부동산세도 높은 세율로 세금을 부담해야 했죠.

하지만 일정 규모 이하의 저가주택이나 소형주택일 때는 주택 수에 포함되지 않거나 오히려 세금혜택을 주는 경우도 많습니다. 특히 지방의 경우 소형이면서도 저가인 주택이 많다 보니 다주택자들의 눈길을 사로잡았습니다.

다주택자 대부분은 임대사업을 하고 있습니다. 수십, 수백 채를 임대하는 덩치 큰 사업자도 많죠. 그래서 다주택자는 임대소득세에 민감합니다. 특히 지난 2020년부터는 2,000만 원 이하의 소액 임대소득에 대해서도 전면 과세가 시작되는 등 임대사업자에 대한 규제가 많아졌습니다.

하지만 소규모 주택을 임대하는 경우에는 예외가 적용되고 있습니다. 소형 임대주택의 경우 소득세 감면 혜택을 최대 75%까지 줍니다. 소득세 100만 원이 나오면 75만 원은 빼고 25만 원만 내면 되는 파격적인 혜택입니다.

💬 **부알못**

소득세가 감면되는 소형 임대주택 기준은 어떻게 되나요?

💡 **택스코디**

소형주택 임대소득세 감면 혜택은 기준시가 6억 원 이하이면서 주거전용면적이 국민주택규모(85㎡ 이하)여야 받을 수 있습니다.

각각의 임대주택이 요건을 갖추면 되기 때문에, 저가의 소형주택을 여러 채 갖고 있더라도 혜택을 받을 수 있습니다.

임대주택은 의무임대 기간이 있습니다. 4년 이상 단기임대를 선택한 경우에는 해당 임대소득세의 30%를 감면받을 수 있고, 10년 이상 장기임대로 빌려줬다면 75%까지 소득세액 감면을 받을 수 있습니다. 다만, 2주택 이상을 임대하면 소득세 감면비율이 4년

20%, 10년 50%로 떨어집니다.

전세로 임대를 하면 보증금을 임대료로 환산한 간주임대료로 소득세를 부과합니다. 소형주택은 간주임대료를 계산하지 않는 혜택도 있습니다.

따라서 소형주택을 전세로만 임대주고 있다면 소득세 걱정을 하지 않아도 되겠죠. 임대주택이 기준시가 2억 원 이하이면서 전용면적 40㎡ 이하인 경우, 간주임대료 산출대상에서 제외됩니다.

종합부동산세도 주택이 작고, 가격이 낮을수록 혜택을 누립니다. 매매나 증여, 상속받은 매입임대주택은 공시가격 6억 원 이하 (수도권 외 3억 원 이하)이면 종합부동산세를 계산할 때, 다른 주택과 합산하지 않습니다. (합산배제라고 부르죠.)

직접 건설해서 임대한 건설임대도 공시가격 6억 원 이하이면서 149㎡ 이하이면 합산배제 됩니다. 2005년 1월 5일 이전에 임대사업자로 등록하고 임대하는 기존임대주택은 3억 원 이하이면서 85㎡ 이하이면 종합부동산세를 따로 계산합니다.

종합부동산세는 1세대 1주택자에게 특히 많은 감면 혜택을 줍니다. 기본공제도 높고, 장기보유나 고령자에 대한 특별공제도 받을 수 있죠.

2023년부터는 이렇게 종합부동산세 과세대상의 1세대 1주택 여부를 결정하는 주택 수 산정에서도 작고 싼 집이 혜택을 받습니다.

지방의 공시가격 3억 원 이하 주택은 주택 수 산정에서 제외되는 규정이 새로 생기기 때문입니다. (정부가 2022년 7월 세법개정안을 국회에 제출했습니다. 개정안이 통과되면 1세대 1주택자가 지방의 공시가격 3억 원 이하 주택을 추가로 여러 채 보유하더라도 여전히 1세대 1주택 특례 감면을 받을 수 있습니다.)

또 2023년부터는 공시가격 6억 원 이하(지방 3억 원 이하)인 상속주택도 종합부동산세 1세대 1주택 특례를 적용할 때, 주택 수에 포함하지 않게 됩니다.

작고 싼 집에 대한 혜택은 집주인뿐만 아니라 세입자에게도 적용됩니다. 세입자에 대한 혜택은 임대한 집주인에게도 임차인 구하기가 수월해지는 등 도움이 되겠죠.

전세보증금 등 주택을 임차하기 위해 은행에서 대출받은 주택임차차입금이 있다면, 그 원리금 상환액을 연 300만 원까지 연말정산에서 소득공제 됩니다. 이때, 국민주택규모 이하일 때에만 공제 혜택을 줍니다.

또 1주택자가 장기주택담보대출을 받은 경우에도 취득 당시 기준시가가 5억 원 이하이면 이자상환액이 최대 1,800만 원까지 소득공제 되죠.

그리고 무주택 근로자가 국민주택규모 이하의 주택이나 기준시가 3억 원 이하의 주택에 월세로 세 들어 살 때, 연간 월세액 중 17%(종전 12%)를 750만 원까지 세액공제 되는 혜택도 있습니다.

기준	혜택
기준시가 6억 원 이하 + 85㎡ 이하 (지방 읍면 100㎡) 임대주택	임대소득세 세액감면
기준시가 2억 원 이하+40㎡ 이하 임대주택	임대소득세 간주임대료 산출 제외
공시가격 3억 원 이하 + 85㎡ (지방 읍면 100㎡) 이하 기존임대주택	종합부동산세 합산배제
공시가격 6억 원(지방 3억 원) 이하 매입임대주택	
공시가격 6억 원 이하+149㎡ 건설임대주택	
공시가격 3억 원 이하 지방 주택	종합부동산세 1세대 1주택 산정 시 주택 수 제외 (2023년부터)
공시가격 6억 원(지방 3억 원) 이하 상속주택	
85㎡ 이하 주택	주택임차차입금 원리금상환액 소득공제
공시가격 5억 원 이하(취득 당시) 주택	장기주택저당차입금 원리금상환액 소득공제
기준시가 3억 원 이하 or 85㎡ 이하 주택(오피스텔, 고시원 포함)	월세액 세액공제
85㎡ 이하 주택	주택 취득 시 농어촌특별세 비과세

전월세 신고 어떻게 하나?

2021년 6월부터 수도권과 광역시, 세종시 등에서 전세보증금 6,000만 원을 초과하거나 월세 30만 원을 초과하면 신규, 갱신계약 모두 임대차신고를 의무적으로 해야 합니다.

서울 경기도 인천 등 수도권 전역, 광역시, 세종시 및 도(道)의 시(市) 지역이 대상이 됩니다. 임대차 거래량이 적고 소액계약 임대차 비중이 높아 신고 필요성이 상대적으로 낮은 도 지역의 군은 제외했습니다.

신고금액은 확정일자 없이도 최우선변제를 받을 수 있는 임차보증금의 최소 금액이 6,000만 원인 점이 고려됐습니다.

임대차신고제 (혹은 전월세 신고제)는 임대차 계약 당사자가 임대 기간, 임대료 등의 계약 내용을 신고하도록 해 임대차시장 정보를 투명하게 공개하고 임차인의 권리를 보호하기 위한 제도입니다.

 부알못

어떤 내용을 신고하나요?

택스코디

　임대인·임차인의 인적사항, 임대목적물 정보 (주소, 면적 또는 방수), 임대료, 계약 기간, 체결일 등 표준임대차계약서에 따른 일반적인 임대차 계약 내용. 계약 갱신일 때는 종전 임대료, 계약갱신요구권 행사 여부를 추가하도록 합니다.

부알못

　임대차신고제 대상 주택은요?

택스코디

　아파트, 다세대 등 '주택'과 '준주택'에 해당하는 고시원, 기숙사 및 '비주택'인 공장· 상가 내 주택, 판잣집 등도 해당합니다.

부알못

　누가, 어떻게 신고하나요?

택스코디

　임대인과 임차인이 계약신고서에 공동으로 서명 또는 날

인 해 신고합니다. 신고의 편의를 위해 둘 중 한 명이 당사자가 모두 서명 또는 날인 한 '계약서'를 제출하는 경우 공동으로 신고한 것으로 간주합니다.

임대한 주택의 관할 읍면동 주민센터를 방문해 신청하거나 비대면 온라인 (부동산거래관리시스템 사이트 접속) 신고도 가능합니다. 계약서 원본을 pdf, jpg 등 파일로 변환하거나 스마트폰으로 촬영한 사진 파일 (png)을 첨부해 신고. 접수한 경우 상대방에게는 문자메시지로 임대차신고 접수가 완료됐음이 통보됩니다.

부알못

계약서가 꼭 있어야 하나요?

택스코디

표준임대차계약서 양식이 아니더라도 계약 내용을 확인할 수 있는 문서, 통장 입금 내역 등 계약 입증서류가 있으면 신고 가능합니다. 다만 확정일자 부여 등 임차인 권리 보호 등을 위해 계약서 작성을 권장합니다.

부알못

확정일자 부여는요?

 택스코디

임대차 신고 시 계약서를 제출한 경우 '주택임대차보호법'에 따른 확정일자가 부여되는 것으로 합니다. '주민등록법'상 전입신고를 할 때 임대차계약서를 첨부하면 임대차 계약 신고를 한 것으로 규정합니다.

 부알못

신고하지 않거나 거짓신고 하면요?

 택스코디

임대차 계약을 미신고하거나 거짓신고 하면 100만 원 이하의 과태료가 부과됩니다. 다만 신규제도 도입에 따른 일반 국민들의 적응 기간 등을 고려해 시행일로부터 1년 (2021년 6월 1일~2022년 5월 31일) 동안은 과태료를 부과하지 않는 계도 기간을 운영합니다.

부알못

임차인이 유리한 점은요?

 택스코디

소액계약, 단기계약, 계약 갱신 등 그간 확정일자를 받지 않는 경향이 있었던 계약에도 신고제를 통해 확정일자가 자동 부여됨에 따라 임대차 보증금 보호가 강화될 것으로 기대됩니다.

온라인 임대차 신고제 도입되면 확정일자를 부여받기 위해 일과 중에 주민센터를 방문해야 하는 임차인의 번거로움이 줄어듭니다. 임대차신고를 통해 확정일자를 부여받는 경우 주민센터의 확정일자 부여 시 부과하는 수수료(600원)도 면제될 계획입니다.

상생임대인 제도 대폭 수정하다

 세알못

2022년 12월 31일까지 전세를 끼고 집을 산 후, 2024

년 12월 31일 이전에 임차인과 5% 이내 인상하는 내용의 임대차계약을 하면, 상생임대인 혜택을 받을 수 있나요? 무주택자인데 연말까지 전세를 끼고 집을 사는 '갭투자'를 하면 상생임대인 혜택을 받을 수 있을지 궁금합니다.

 택스코디

정부는 우려되는 전월세 불안을 막기 위해 부동산 대책을 내놓았습니다. 임대료를 5% 이내 인상하는 소위 착한 집주인에 대해 혜택을 늘리는 방안인데, '갭투자 증가 가능성'이 크다는 관측도 나옵니다.

이 제도는 2021년 12월 도입한 제도입니다. 최초 상생임대인 제도는 임대인이 전세 재계약 때 직전계약 대비 5% 이내에서 임대료를 올릴 때, 양도세 비과세를 위한 거주요건을 2년에서 1년으로 완화해 주는 게 핵심 내용이었습니다. 2017년 8월 이후 서울 등 조정대상지역에서 취득한 주택을 양도할 때, 비과세 조건이 되려면 2년 이상 거주하는 실거주 요건을 채워야 하는데 이 기간을 줄여주겠다는 조건입니다.

하지만 도입 당시 시장에선 실효성 논란이 컸습니다. 1가구 1주택자에만 해당하고, 임대 개시 시점의 공시가격이 9억 원 (시세 12억

~13억 원) 이하 주택의 전세로만 대상을 한정하는 등으로 적용 대상이 많지 않았기 때문입니다. 가장 많은 전세 물량을 공급하는 임대사업자나 다주택자에게는 해당 사항이 없어 시장 안정화에 별 도움이 안 될 것이란 지적이 많았습니다.

이런 상생임대인 제도의 세부 내용은 대폭 수정했습니다. 기존 상생임대인 조건을 대폭 완화하는 방향입니다. '임대 시점 1세대 1주택자', '9억 원 이하 주택'이라는 상생임대인 인정 요건은 폐지하고, 대신 '임대개시 시점에 다주택자여도 향후 1주택자 전환 계획'이 있으면 됩니다. 현재 2주택자이건 3주택자이건 상관없이, 향후 임대를 놓는 1주택만 제외하고 판다는 조건만 맞으면 상생임대인 혜택을 주기로 했습니다. 제도 적용 기간도 2024년 12월 31일로 2년 연장했습니다.

또 개정된 조건에 따르면 상생임대인에 대한 혜택도 늘었습니다. 이전 제도에선 양도소득세 비과세를 적용받기 위해 실거주 요건을 2년에서 1년으로 줄여주는 정도였지만, 이번엔 아예 2년 거주요건을 없앴습니다. 최대 80% 장기보유특별공제를 받기 위한 조건에도 2년 거주요건을 면제했습니다.

양도소득세 면제를 위한 실거주 요건이 없어지면, 무주택자들이 전세를 끼고 집을 살 때 선택할 수 있는 범위가 대폭 넓어집니다. 무주택자가 집을 한 채 사서 임대를 놓는 방식의 갭투자를 도모할 여건이 좋아질 수가 있습니다.

그리고 2023년 5월 9일까지 시행하는 한시적 다주택자 양도세 중과유예 매물을 받아줄 수요자가 확대됐다는 의미도 있습니다. 양도소득세 중과유예 매물을 받아주는 갭투자 수요가 늘면서 매매시장을 활성화하는 절묘한 대책이 될 수 있습니다.

무주택자들이 상생임대인 제도를 활용해 갭투자 할 수 있는 주택은 2022년 12월 이내 전세계약이 만료되는 주택으로 한정됩니다. 그 이유는 상생임대인 제도가 적용되는 가장 기본적인 조건이 임대차 '직전계약'과 '5% 이내로 올린 재계약'의 임대인이 같아야 한다는 것입니다. 쉽게 말해 집주인인 내가 처음 계약한 임차인과 2년 후 재계약 (5% 임대로 인상)을 하면 됩니다. 이는 사실 현재 시행 중인 임대차 2법을 따르면 된다는 소리입니다. 다만 가장 큰 변수는 이 제도가 2024년 12월 31일까지만 시행된다는 것입니다.

만약 A씨가 2022년 8월 전세계약이 1년 남은 아파트를 '갭투자'로 산다고 합시다. 이 아파트에는 2023년 8월 전세가 만료되는 세입자가 있습니다. A 씨는 이 아파트 세입자와 2023년 8월 재계약을 할 때 5% 이내로 인상한다고 해도 상생임대인이 되지 못합니다. 이 아파트 세입자와 직전계약을 한 사람은 전 집주인이

기 때문입니다. A씨가 상생임대인이 되려면 기존 세입자든 새로 세입자를 구하든 전세계약을 새로 한 후, 법이 정한 최소한의 전세기간 (합의를 했다면 1년 6개월도 가능)을 유지해 2024년 12월 31일 전에 5% 인상 계약 갱신을 해야 합니다. 그런데 A 씨의 경우 내년 8월 이후면 세입자와 계약이 만료되기 때문에 2024년 12월 31일까지 자신이 계약한 세입자와 최소 전세 거주기간을 채우지 못해 결과적으로 상생임대인이 되지 못합니다.

따라서 상생임대인 혜택을 이용해 갭투자를 하려는 무주택자들은 2022년 말까지 전세계약이 끝나는 주택 가운데 대상을 찾아야 합니다.

주택 임대사업자 거주 주택 양도세 비과세 가능하다

 부알못

주택을 양도할 때 비과세를 적용받기 위해서는 일시적 2주택 처분 허용 기한 (지역에 상관없이 3년) 내 종전 주택을 양도해야 한다고 알고 있습니다. 그러나 최근 금리 인상에 따라 매수 심리가 위축돼 주택을 양도하기가 쉽지 않은 상황입니다.

택스코디

처분 기한 내 양도하지 못하거나 다주택자인 경우에도 비과세를 적용받을 길이 없지는 않습니다. 이를 거주 주택 비과세라고 합니다. 주택을 소유한 세대가 거주 주택을 제외한 나머지 주택을 모두 주택임대사업에 사용하면 됩니다. 단 적용 요건이 까다롭습니다.

첫째 거주 주택 이외의 모든 주택을 시·군·구청에 임대사업자등록을 하고 세무서에도 사업자등록을 해야 합니다. 다만 아파트는 등록할 수 없습니다.

둘째 임대주택이 임대 개시일 당시 기준시가 6억 원 이하 (수도권 외 3억 원 이하)여야 합니다.

셋째 의무 임대 기간 (2020년 7월 10일 이전 등록 5년, 2020년 7월 11일~8월 17일 등록 8년, 2020년 8월 18일 이후 등록 10년)을 준수하고 임대료 인상률을 5% 이내로 제한해야 합니다.

넷째 조정대상지역과 무관하게 거주 주택에서 보유 기간 중 2년 이상을 실제 거주해야 합니다.

임대주택의 임대 의무 기간을 채우기 전 거주 주택을 먼저 팔게 되면 비과세를 일단 적용하고, 임대 기간과 임대료 인상 요건 준수 여부를 세무서에서 사후 관리합니다. 만약 요건을 위반하면 납세자는 사유 발생일의 말일부터 2개월 내 양도세를 신고·납부해야 합니다.

한편 2020년 8월 민간임대주택에 관한 특별법 (민특법) 개정을 통해 단기 임대주택과 장기 임대주택 중 아파트에 대한 임대등록을 폐지했습니다. 민특법 개정에 따른 임대 의무 기간 만료에 따라 자동 말소된 경우와 자진 말소 (임대의무기간 2분의 1 이상)한 경우에는 말소 이후 5년 내 거주 주택을 팔아야만 비과세가 적용 가능합니다. 또 2019년 2월 12일 이후 취득한 주택은 평생 1회만 거주 주택 비과세를 적용받을 수 있습니다. 따라서 그 전에 거주 주택 비과세를 적용받은 적이 있다면 혜택을 받을 수 없다는 점에 유의해야 합니다.

임대사업자 혜택 부활하나?

등록임대사업자 제도는 임대사업자가 임대 기간 (10년 이상), 임대료 증가율 (5% 이하) 등의 요건을 지키는 대신 종합부동산세 합산배제 등의 혜택을 받는 제도입니다.

정부는 등록임대사업자 혜택을 늘려 임대 공급을 안정시킨다는 방침입니다. 이를 위해 정부는 지난달 민간건설 임대주택에 대한 양도소득세 과세특례 기한을 기존 2022년에서 2024년까지 연장하는 내용을 담은 '조세특례제한법' 개정안을 국회에 제출했습니다. 이 기간 민간 건설임대주택으로 등록하는 임대사업자는 일정 요건을 채우면 양도소득의 70%에 대해 장기보유특별공제를 비롯해 양도세 중과배제, 종합부동산세 합산배제 등의 혜택을 받을 수 있습니다.

이밖에 규제 완화 및 인센티브 확대 방안도 검토 중입니다. 그 방안으로 소형 아파트로 대상 확대, 추가 세제 지원 등이 거론되고 있습니다. 전용면적 60㎡ 이하 소형 아파트 등록임대 부활은 대통령의 후보 시절 대선 공약이기도 합니다.

그동안 시장에선 제도의 실효성을 높이려면 아파트를 포함해야 한다고 지적해 왔으나, 정부는 시장 불안을 이유로 다세대주택 등 비아파트에 대한 장기 등록임대사업만 허용하고 있습니다.

그러나 2022년 들어 주택 거래가 끊기고 집값 하락기에도 보유세 부담이 과중하다는 논란이 나오자 아파트 등록임대사업자 부활이 유력해진 상황입니다.

감면했던 각종 세제 혜택도 다시 되살릴 것이란 관측이 나옵니다. 이에 따라 등록임대주택이 많아지면 '월세의 전세화', '역전세난' 등 현 임대차시장의 불안을 잡을 수 있을 것이란 기대감이 커지고 있습니다.

최근 금리 인상으로 인해 대출이자 부담이 늘면서 전세보다 월세 수요가 높아지고, 집값 하락으로 전셋값이 역전되는 등 부작용이 심화하고 있습니다. 여기에 '입주 폭탄'까지 앞두고 있어 적체된 물량 해소가 시급한 상황입니다.

다만 지금까지 거론된 혜택만으론 시장에 유의미한 영향을 미치기 어려울 것이란 우려도 나옵니다. 등록임대주택의 범위가 아파트까지 확장된다고 해도 주택 취득가액 기준(6억 원, 비수도권 3억 원)과 소형 평형 등 대상이 한정적이기 때문입니다.

2022년 10월 기준 서울 아파트 평균 중위매매가격은 9억 3350만 원으로 25개 자치구 중 중위매매가격이 6억 원 아래인 자치구는 한 곳도 없습니다.

특히 그동안 등록임대사업자에 대한 혜택을 줬다가 뺏기를 반복한 통에 정책 신뢰도도 바닥인 상황입니다. 등록임대사업자 제도는 박근혜 정부인 2014년 '주택 임대차시장 선진화 방안'을 통해 혜택이 확대된 이후 문재인 정부 초 집값 상승세를 막기 위해 각종 인센티브가 추가 확대됐습니다.

그러나 집값 상승세가 꺾이지 않자 화살은 임대사업자에게 돌아갔습니다. 정부는 다주택자들이 등록임대를 조세 회피 수단으로 이용하고 있다고 보고 2019년 12·16대책과 2020년 7·10대책 등을 통해 관련 혜택을 축소해 나갔습니다.

이에 따라 임대사업자의 의무임대 기간이 4년, 8년에서 일괄 10년으로 늘어나고 빌라·오피스텔 등 비아파트를 제외한 아파트 매입임대 제도는 아예 폐지됐습니다.

집주인들은 혜택을 준대서 임대사업자로 등록을 했더니 2년여 만에 혜택이 폐지되면서 이러지도 저러지도 못하게 된 상황을 두고 '가두리 정책'이라고 비판했습니다.

[등록임대사업자 제도 변화 주요 내용]

년도	대책	내용
2017년	8.2대책 및 12.13대책	임대사업자 요건 완화 및 지방세, 임대소득세, 양도세, 종부세, 건보료 감면 확대
2018년	9.13대책	임대사업자 주택담보대출(규제지역) LTV 비율 및 양도세 중과 혜택 축소
2019년	12.16대책	1세대1주택 비과세 혜택 축소(규제지역 거주요건 2년 신설)
2020년	7.10대책	기존 4·8년 임대주택 의무기간 종료 시 자동 등록 말소 및 전세금 보증보험 가입 의무화
2021년	5.27대책	신규 임대등록 폐지 및 2020년 7월 이전 등록한 기존 사업자에 대해 양도세 중과배제 혜택 폐지
2022년	12월(예정)	등록임대사업자 제도 개편 및 혜택 확대

이번에도 혜택을 확대했다가 또다시 뺏을 수 있다며 섣불리 등록하지 않겠다는 움직임이 포착됩니다. 실제 부동산 커뮤니티에는 "임대사업자 혜택을 미끼로 가입시켜놓고 의무만 잔뜩 부여한채 혜택은 다시 뺏길 수 있다. 두 번은 안 속는다" 등의 글들이 다수 올라와 있습니다.

적극적인 인센티브 없이는 등록임대 활성화를 이루기 어려울 것으로 보입니다. 등록임대주택의 목적은 임대 가격 완충 역할을 하는 것이기 때문에 적극적으로 활성화할 필요가 있습니다. 더군다나 지금은 부동산 시장이 어려운 상황이라 팔아도 손실인 경우엔 임대사업으로 전환할 가능성이 커 보입니다.

다만 정책은 신뢰를 바탕으로 해야 하는데, 그동안 정책 변화가 많았던 경험 탓에 적극적인 인센티브가 없다면 주택 보유자들이 움직이지 않을 것입니다. 특히 보유세 인센티브를 강화해서 집주인들이 오래 보유해서 임대할 수 있게끔 유도할 필요가 있습니다.

임대사업자가 꼭 알아야 할 세금 상식

주택임대사업 이해부터 하자

 부알못

상가임대업과 주택임대업은 어떤 차이가 있나요?

 택스코디

임대사업은 크게 2가지로 분류할 수 있습니다. 하나는 일반임대로 주변에서 쉽게 볼 수 있는 상가가 있으며, 다른 하나는 주택임대입니다. 현재 상가는 사업자등록을 해야 하며 여기에서 발생하는 임대소득은 신고하는 것이 원칙입니다.

그런데 주택임대는 조금 다릅니다. 실거주와 직접 관련이 있고, 대부분 사업자 규모가 영세하기 때문에 이에 대해서는 비과세 등 일반임대와 비교해 상대적으로 큰 혜택을 주었던 것이죠.

하지만 이로 인해 발생하는 문제도 많습니다. 주택을 임대하면서 발생하는 수입에 대해서는 연간 2천만 원 이하는 분리과세(2018년까지는 비과세), 2천만 원 초과는 종합과세가 되어야 하는 것이 원칙이나, 행정력 부족, 관계부처 간 정보 교류의 어려움 등의 이유로 이에 대해서는 제대로 과세가 되지 않았던 것이 현실입니다.

문제는 그다음입니다. 이로 인해 주택임대사업자 중 일부는 '세금을 내지 않아도 되는구나'라고 잘못 인지할 수 있다는 점입니다.

임대정책과 관련된 법은 주택임대차보호법, 상가건물 임대차보호법을 들 수 있습니다. 주택임대차보호법은 주거용 건물의 임대차 관련, 상가건물 임대차보호법은 영업용으로 활용하는 상가건물의 임대차에 관한 내용을 다루는 법입니다. 말 그대로 법이기 때문에 법무부에서 법률해석 등을 담당하지만 실제 행정에서 적용하는 데 있어서 국토교통부에서 주관하는 등 혼란이 있었던 게 사실입니다. 이에 대해 정부는 정책 부문을 국토교통부가 주관하고, 기타 권리 관계 등은 법무부가 주로 담당하게 함으로써 급변하는 임대차 환경에 빠르게 대응하도록 했습니다. 어떤 정책을 시행하기 위해서 정부는 근거가 되는 법안을 마련해야 하고(법무부), 이를 바탕으로 집행해야 하는데(국토교통부), 이에 대한 교통정리를 명확하게 함으로써 발 빠른 대응을 주문한 것입니다.

실제로 주택임대사업을 하다 보면 어떤 것은 민간임대주택에 관한 특별법, 즉 주택법 영역에 속하고, 절세 측면에서는 소득세법과 조세특례제한법을 봐야 하는 등 확인해야 할 사항이 매우 많고 여기저기 흩어져 있다는 느낌을 많이 받습니다.

많은 사람이 "내용이 복잡하다", "부서마다 이야기가 다르다"라며 어려움을 토로합니다. 문제는 이를 안내하는 구청이나 세무서에서도 각자의 영역밖에 모른다는 것입니다. 정부에서는 '렌트홈'이라는 사이트를 통해 원스톱 서비스를 한다고 하지만, 결국 실제 임대사업을 하는 사람들은 불편하더라도 본인 스스로 관련 내용을 찾아보고 대응하는 것이 최선입니다.

임대주택을 유형별로 구분하자

주택임대소득도 사업소득으로서 과세대상이지만 일정 기준하에서 비과세 적용이 가능합니다. 먼저 주택임대소득 중 월세소득은 부부 합산 1주택으로서 기준시가 12억 원 이하(종전 9억 원)의 주택일 경우 비과세를 적용받을 수 있습니다. 주택 전세보증금에 대해서도 일정 이자율을 곱한 금액을 임대소득으로 보는데, 이 경우는 부부합산 3주택 이상이고 보증금 합계액이 3억 원 초과이면 과세대상이 됩니다. 과세대상 주택임대소득이더라도 연간 2,000만 원 이하일 경우 분리과세를 선택할 수 있습니다.

 부알못

분리과세가 무엇인가요?

 택스코디

분리과세란 다른 종합소득과 합산하지 않는 대신 14%의 소득세율(지방소득세 별도)을 적용하는 방식입니다. 연간 2,000만 원을 초과하는 주택임대소득은 다른 종합소득과 합산해 누진세율(6~45%)로 세금을 신고 납부합니다.

관할 시·군·구와 세무서에 임대주택으로 등록해 일정 의무기간 임대 등 조건을 충족하면 임대주택에 대한 세제 혜택을 받을 수 있는데 임대주택의 여러 조건 중 주택 가격 요건이 있습니다. 매입임대주택 기준으로 소득세와 종합부동산세에서는 임대개시일 당시 공시가격 6억 원(수도권 외 지역 3억 원) 이하의 조건을 충족해야 합니다.

지방세에서는 취득세와 재산세 감면 기준이 각각 다릅니다. 임대사업자가 임대주택을 최초로 분양받아 취득하는 경우 취득세 감면을 받기 위한 조건으로 주택 취득가액이 6억 원(수도권 외 지역 3억 원) 이하여야 합니다. 임대주택 중 재산세 감면 대상은 공동주택 공시가격 6억 원(수도권 외 지역 3억 원) 이하, 오피스텔의 경우에는 시가표준액 4억 원(수도권 외 지역 2억 원) 이하여야 합니다. 주택가액 이외에도 세법에서 정하는 임대주택 적용대상 조건을 모두 충족해야 세제 혜택을 적용받을 수 있습니다.

 부알못

매입임대주택은 뭐고, 건설임대주택은 무엇인가요?

 택스코디

'민간임대주택에 관한 특별법'에 따른 임대주택을 유형별로 구분하면 다음과 같습니다.

---

1 매입임대주택

1호 이상 임대, 5년 이상 임대한 주택, 임대개시일 당시 (2011년 10월 13일 이전 등록분: 취득 당시) 기준시가 6억 원 (수도권 밖 3억 원)이하, 임대보증금 또는 임대료의 증가율이 5% 이하

❷ 기존임대주택

2호 이상 임대, 국민주택규모에 해당, 5년 이상 임대한 주택 (기존사업자기준일 2003년 10월29일 이전 임대주택 등록), 취득 당시 기준시가 3억 원 이하

❸ 건설임대주택

2호 이상 임대, 대지면적 298㎡ 이하, 주택의 연면적 149㎡ 이하, 5년 이상 임대하거나 분양 전환하는 주택, 임대개시일 당시 기준시가 6억 원 이하, 임대보증금 또는 임대료 증가율 5% 이하

❹ 미분양임대주택

같은 시·군에서 5호 이상 임대, 미분양 주택(2008년 6월 11일 ~ 2009년 6월 30일까지 최초로 분양계약을 체결하고 계약금 납부), 대지면적 298㎡ 이하, 주택의 연면적 149㎡ 이하, 5년 이상 임대한 주택, 취득 당시 기준시가 3억 원 이하, 수도권 밖의 지역 소재, 2020년 7월 11일 이후 종전의 민간임대주택법에 따른 등록을 신청한 장기일반민간임대주택 중 아파트를 임대하는 민간매입임대주택 또는 단기민간임대주택이 아닐 것, 단기민간임대주택을 2020년 7월 11일 이후 장기일반민간임대주택으로 변경 신고한 주택이 아닐 것

❺ 장기일반민간매입임대주택

10년 이상 임대한 주택, 임대개시일 당시 기준시가 6억 원 (수도권 밖 3억 원) 이하, 임대보증금 또는 임대료의 증가율이 5% 이하, 2020년 7월 11일 이후 민간임대주택법에 따른 등록을 신청

한 장기일반민간임대주택 중 아파트를 임대하는 민간매입임대주택 또는 단기임대주택이 아닐 것

6 **장기일반건설임대주택**

2호 이상 임대, 대지면적 298㎡ 이하, 주택의 연면적 149㎡ 이하, 10년 이상 임대하거나 분양 전환하는 주택, 임대개시일 당시 기준시가 6억 원 이하, 임대보증금 또는 임대료 증가율이 5% 이하, 종전의 민간임대주택법에 따른 등록을 한 단기민간임대주택을 2020년 7월 11일 이후 장기일반민간임대주택등으로 변경 신고한 주택은 제외

7 위 1, 3, 4, 5에 해당하는 장기임대주택이 임대사업자의 임대의무기간 내 등록 말소 신청으로 등록이 말소된 경우로서 등록 말소 이후 1년 이내 양도하는 주택, 이 경우 임대 기간 요건 외에 다른 요건은 갖추어야 함

[민간임대주택에 관한 특별법에 따른 유형별 임대주택]

주택 구분		주택 구분	
		매입임대	건설임대
단기 임대	단기민간임대주택(4년)	폐지	폐지
장기 임대	장기일반민간임대주택(8년)	유지 (아파트는 폐지)	유지
	공공지원민간임대주택(8년)	유지	유지

임대사업자가 꼭 알아야 할 세금 상식

임대사업자 사업장현황신고 혼자 해보자

사업소득은 근로소득 등의 다른 소득과 합산하여 부과된다는 점에서 종합소득에 해당합니다. 따라서 주택임대소득이 있는 사람은 종합소득에 대하여 신고·납부를 해야 합니다. 또 주택임대업은 부가가치세가 면제되는 면세사업이라는 점에서 부가가치세 신고·납부의무는 없으나 사업장 현황신고의무가 있습니다. 참고로 2020년부터 주택임대 사업자 미등록 가산세가 신설되었습니다.

주택임대사업자는 해당 사업장의 현황을 해당 과세기간의 다음 연도 2월 10일까지 사업장 소재지 관할 세무서장에게 신고해야 합니다. 사업장 현황신고를 할 때는 사업자의 인적사항이나 사업장의 수입금액 명세 등의 내용을 신고해야 합니다.

 부알못

홈택스를 통해 직접 신고해도 되나요?

 택스코디

네, 가능합니다. 다음과 같습니다.

◎ 사업장 현황신고서 작성사례

□ **임대현황**(가정)

3채 모두 비소형주택으로 간주임대료의 총수입금액 산입대상임

구분	A 주택	B 주택	C 주택
소재지	서울0구 00동 000-00	서울0구 00동 000-00	서울0구 00동 000-00
임대기간	21.1.1~22.12.31	20.7.1~22.6.30	22.7.1~24.6.30
보증금	2억 원	2억 5천만 원	3억 원
월세	60만 원	40만 원	20만 원

□ **임대료 수입금액** (2022년 귀속)

- **월세 수입금액**

    A주택: 60만 원 × 12개월 = 720만 원

    B주택 : 40만 원 × 6개월 = 240만 원

    C주택 : 20만 원 × 6개월 = 120만 원

- 간주임대료 수입금액

구분	1.1~6.30	7.1~12.31	계
A주택 보증금	200,000,000	200,000,000	
B주택 보증금	250,000,000	-	
C주택 보증금	-	300,000,000	
보증금 등 합계	450,000,000	500,000,000	
(보증금 -3억) 적수	27,150,000,000 (4.5억-3억)×181일	36,800,000,000 (5억-3억)×184일	
간주 임대료	535,562 (27,150,000,000 ×0.6÷365×1.2%)	725,918 (36,800,000,000 ×0.6÷365×1.2%)	1,261,480

주택수 계산이 중요하다

주택임대소득은 주택임대업을 동한 사업소득이므로 과세대상에 해당하고 주택임대시장은 서민의 주거 생활안정 및 주택 가격의 안정화 등의 목표와 밀접한 연관을 가지므로 주택임대소득에 대한 과세는 몇 차례 정책적 변화를 겪어왔습니다.

서민의 안정된 주거 생활을 지원하기 위해 주택임대 수입금액 2천만 원 이하인 자에 대해서는 2014년부터 2018년까지 한시적으로 비과세했고, 2019년부터 주택임대소득에 대한 전면 과세가 시행되었습니다. 그리고 주택임대소득 전면 과세제도를 정착시키기 위해 주택임대 수입금액 2천만 원 이하인 자에 대해서는 분리과세를 선택할 수 있도록 했습니다.

주택임대소득 과세요건은 보유주택 수(부부합산)와 임대주택의 월세·보증금에 따라 다릅니다. 1주택 보유자의 경우 월세 수입과 보증금 등의 간주임대료 수입은 부과되지 않습니다. 다만, 1주택 보유자라도 기준시가 12억 원(종전 9억 원) 초과 주택에서 월세 수입이 있는 경우 주택임대 소득세를 내야 합니다.

2주택 보유자의 경우 월세 수입은 부과되나 보증금 등 간주임대료 수입은 부과되지 않습니다. 3주택 이상 보유자의 경우 월세와 보증금 등 간주임대료 수입 모두 부과됩니다.

[주택임대소득 과세요건 – 보유주택 수(부부합산) 기준]

주택 수	월세	보증금 등
1주택	비과세 (기준시가 12억 초과 및 국외소재 주택은 1주택자도 과세)	간주임대료 과세제외
2주택	과세	
3주택 이상		간주임대료 과세 (소형주택은 제외)

임대사업자 종합소득세 신고 어렵지 않다

주택을 빌려주고 임대료를 받는 사업자는 임대소득에 대해 소득세를 신고하고 내야 합니다.

주택임대소득은 사업소득 중 부동산업에서 발생하는 소득을 말합니다. 아파트 등 공동주택, 다가구주택, 단독주택 등 주거용 건물이나 건물 일부를 임대하는 경우가 해당합니다.

다시 말하지만 1주택만 소유하면서 해당 소유주택을 임대한 경우에는 임대소득에 대한 세금이 없습니다. 이 경우에도 주택이 기준시가 12억 원이 넘을 때는 임대소득세를 부담합니다.

월세뿐만 아니라 보증금도 그 이자만큼의 임대소득이 있다고 보고, 소득으로 환산(간주임대료)해 세금을 부담합니다.

그런데 보증금은 3주택 이상, 보증금 합계액 3억 원 초과의 임대주택을 보유한 경우부터 간주임대료로 환산합니다. 소형주택 (주거 전용 면적 40㎡ 이하이고 기준시가 2억 원 이하)은 2023년 말까지 이 주택 수 계산에서 빼주는 혜택이 있습니다.

간주임대료는 3억 원이 넘는 보증금합계액의 60%를 365 (윤년은 366)로 나눈 후 정기예금 이자율 (2020년 소득의 경우 1.8%)을 곱해서 산출합니다.

이밖에 월세를 선불로 내는 선세금(先貰金)도 과세기간에 속한 월수만큼을 떼어 임대소득에 포함해야 합니다.

이런 임대소득이 발생하면 다른 소득과 합쳐서 종합소득세 신고를 해야 합니다. 그런데 월세, 선세금, 간주임대료 등 주택임대소득을 모두 합해서 2,000만 원 이하이면 다른 소득과 합치지 않고, 분리해서 세금을 계산 (분리과세)할 수 있는 선택권이 주어집니다.

소득세는 소득이 커질수록 높은 세율로 세금을 내는 누진세율 (6~45%)이 적용됩니다. 2000만 원 이하의 임대소득을 분리과세하면 필요경비를 소득의 60% (미등록은 50%)까지 인정해주고, 400만 원 (미등록은 200만 원)을 기본공제하며, 세율도 고정된 14% (지방세포함 15.4%)세율을 적용합니다.

임대사업자가 꼭 알아야 할 세금 상식

따라서 임대소득 외에 다른 소득도 있어서 합산 과세할 경우 14%보다 높은 세율이 적용된다면 분리과세가 유리한 선택이 될 수 있습니다. 반대로 다른 소득이 적어서 합산하더라도 14%보다 낮은 세율이 적용되는 경우에는 합산과세를 선택하는 것이 유리할 수 있습니다. 물론 필요경비 인정비율과 기본공제 등까지 고려해봐야 합니다.

그런데 주택임대소득이 2,000만 원을 초과할 때는 선택권 없이 다른 소득과 합산해서 소득세를 계산해야 합니다.

정리하면 주택임대소득이 2,000만 원 이하이면 임대사업자로 등록했는지 여부와 종합과세할 소득의 규모에 따라 분리과세의 유불리가 달라집니다.

사업자별로 처한 상황에 따라 미세한 차이가 있을 수 있고, 필요경비 등에 대한 계산의 어려움이 있으므로 선택이 쉽지는 않습니다. 이런 경우 종합과세와 분리과세의 방법을 각각 비교해서 계산해볼 수 있는 모의계산을 이용해보면 도움이 됩니다.

 부알못

모의계산은 어디서 해볼 수 있나요?

택스코디

국세청 홈택스 홈페이지 우측 하단에 '세금 모의계산'을 클릭하고, 주택임대소득 종합 분리과세 세액 비교 항목에 들어가면 각각의 요건을 입력해 미리 계산해보는 것이 가능합니다.

국민주택규모(85㎡ 이하)의 소형주택을 임대하고 있는 경우에는 계산된 임대소득세액을 일부 감면해주는 세액감면 혜택도 챙겨봐야 합니다.

2022년말 까지 임대사업 소득세의 30%, 8년 이상 장기일반민간임대주택 등은 75%까지 세액을 깎아주는 혜택입니다. (2021년부터 2호 이상 임대는 20%, 50%로 감면률 축소)

소형주택 임대사업자 세액감면은 임대사업자등록증과 임대조건신고증명서, 표준임대차계약서 사본, 임대차계약 신고이력 확인서 등을 첨부해서 관할 세무서에 신청해야 받을 수 있습니다.

- 부동산을 증여할 경우 세법상 무엇이 달라질까?
- 종합부동산세, 월세 세액공제 이렇게 바뀐다
- 생애 최초로 집을 사면 무조건 취득세 200만 원을 감면해준다
- 주택임대사업자 혜택 부활한다

2023년부터 달라지는 주요 부동산 제도

부동산을 증여할 경우
세법상 무엇이 달라질까?

2022년 새 정부 출범 이후 부동산 시장 거래 안정화를 위한 규제 완화책이 잇따르고 있습니다. 주택 가격 상승기에 도입한 대출, 세금, 청약 관련 규제를 손질하고 수요 진작을 위한 공급 대책과 금융, 세제 지원 방안을 발표했습니다. 이에 따라 2023년부터 달라지는 부동산 제도에 적지 않은 변화가 생깁니다. 달라지는 주요 부동산 제도는 다음과 같습니다.

먼저 그동안 개인이 유상으로 부동산을 취득하면 신고가액이나 시가표준액 (개별 공시가격 등) 중 더 높은 금액을 과세표준으로 적용했지만, 2023년 1월부터 유상취득, 원시취득(건물을 신축해 취득)의 경우 실제 취득한 가액에 따라 취득세를 내야 합니다.

 부알못

2023년 1월1일부터 부동산을 증여할 경우 세법상 무엇이 달라질까요?

 택스코디

증여받은 자의 취득세 부담에 변화가 있습니다. 기존에는 부동산 증여에 따른 취득세의 과세표준을 시가보다 상대적으로 낮은 시가표준액 (개별공시지가, 개별주택가격, 공동주택가격 등)으로 했습니다.

그러나 2023년 증여분부터 시가표준액이 1억 원을 초과하는 부동산을 증여받는 경우, 시가인정액으로 취득가액이 매겨집니다. 시가인정액은 취득일 6개월 전부터 취득 후 3개월 사이의 매매사례 가액, 감정가액, 공매가격 등을 시가로 보는 기준입니다. 증여도 일반 거래처럼 실거래가 수준으로 과세표준이 결정되는 셈인데, 이에 따라 관련 세금 부담이 많이 늘어날 전망입니다.

참고로 감정가액 사용의 경우 시가표준액이 10억 원을 초과하는 부동산은 둘 이상 감정기관의 감정가액 평균액을 시가인정액으로 합니다. 또 취득일 전 2년부터 취득일 후 약 9개월 기간 내에 매매 등이 있다면 지방세심의위원회는 그 매매 등의 가액을 시가인정액으로 정할 수도 있습니다.

또 증여받은 부동산을 증여일로부터 5년 이내에 양도할 때 적용되는 양도소득세 이월과세제도와 부당행위계산부인 제도의 적용 기간을 5년에서 10년으로 확대되어 2023년 증여분부터 적용됩니다.

양도소득세 이월과세제도는 배우자나 직계존비속으로부터 증여받은 부동산을 5년 이내에 타인에게 양도하는 경우 양도차익을 계산할 때 차감하는 부동산의 취득가액을 증여받은 가액이 아닌 증여자인 배우자나 직계존비속이 취득할 당시의 낮은 가액으로 하는 것입니다.

양도소득세 부당행위계산부인 제도는 친족 등 특수관계인으로부터 증여받은 자산을 5년 이내에 타인에게 양도하는 경우 증여자가 직접 양도한 것으로 봐 증여자에게 양도소득세를 부담시키는 제도입니다. 입법이 완료되어 양도소득세 절세효과를 위해 필요한 기간이 5년에서 10년으로 늘어나 절세 요건이 까다로워졌습니다.

그리고 재건축 안전진단 평가 시 구조 안전 항목에 대한 가중치를 50%에서 30%로 줄이고 주거환경과 노후도 비중을 각각 30%로 상향 조정됩니다. 평가 항목별 합산 점수에 따라 재건축 (30점 이하), 조건부 재건축(30~55점), 유지보수(55점 초과)로 운영해왔는데, 이 중 조건부 재건축 점수 범위를 45~55점으로 조정해 45점 이하이면 바로 재건축 추진이 가능합니다. 또 조건부 재건축 단지에 의무적으로 시행한 공공기관 적정성 검토 (2차 안전진단)를 지자체 요청이 있을 때만 예외적으로 시행합니다.

또 해당 시·군에 거주하는 무주택자로 제한된 무순위 청약 신청 자격이 달라집니다. 거주지역 요건을 없애 무주택자라면 누구나 지역과 관계없이 무순위 청약을 신청할 수 있습니다. 본청약 60일 후 파기했던 예비당첨자 명단을 180일로 연장하고, 예비당첨자 수도 세대 수의 500% 이상으로 대폭 확대했습니다. 청약 진입 장벽을 낮춰 미분양 해소에 도움이 될 것입니다.

그리고 중소기업 장기근속자 특별공급 가점 산정 기준이 조정됩니다. 기존 5년 이상 무주택자에 5점을 부여했는데 2023년부터 이 기준이 3년당 3점, 최대 15점으로 변경됩니다. 또 기술·기능 인력과 자격증 보유 항목이 하나로 통합됐고 세부 항목 간 난이도, 위상 등을 고려해 배점이 차등화됩니다.

그리고 한국주택금융공사(HF)가 만 34세, 연소득 7,000만 원 이하 무주택 청년을 대상으로 운용한 청년 맞춤형 전세자금보증 특례 한도가 1억 원에 2억 원으로 확대됩니다.

종합부동산세, 월세 세액공제
이렇게 바뀐다

2023년부터 종합부동산세 기본공제가 기존 6억 원에서 9억 원 (1세대 1주택자는 12억 원)으로 올라갑니다. 조정지역에 2주택을 보유한 사람도 중과세율이 아닌 일반세율로 종부세를 내게 됩니다. 1주택을 부부가 공동명의로 보유한 경우 공제액이 18억 원으로 올라갑니다.

또 조정 대상 지역 여부와 무관하게 2주택자까지는 기본세율을 적용합니다. 3주택 이상 다주택자는 과표 12억 초과부터 누진제를 유지하되 세율은 2.0~5.0%가 적용됩니다. 이는 우선 조정대상지역의 2주택자가 다주택자 범주에서 빠지면서 일반세율을 적용받게 된다는 의미입니다. (기존 종합부동산세법상 다주택자도 개념상으로는 3주택 이상 보유자였지만 여기에 조정대상지역 2주택자가 포함되다 보니 사실상 2주택 이상을 다주택자로 봤습니다.)

기본세율은 0.5~2.7%를 적용합니다. 종전 종부세법에서 다주택자 여부는 중과세율 적용 여부를 가르는 중요한 분기점이었습니다. 다주택자에는 1.2~6.0%까지 높은 세율을 적용했지만, 1주택자 등에는 0.6~3.0%의 낮은 세율(일반세율)을 적용했습니다. 다주택자들은 두 배 안팎의 중과세율로 종부세를 내야 했습니다.

그러나 2023년부터는 일반세율과 중과세율 체계를 유지하되 3주택 이상 과표 12억 원까지는 일반세율로 과세합니다. 즉 3주택 이상이면서 과표 12억 원을 넘어야 중과세율을 적용받는 것입니다. 과표 12억 원은 공시가로 환산 시 약 24억 원이므로 중과세율을 적용받는 사람은 소수로 한정될 것입니다. 이들이 적용받는 최고 중과세율도 기존 6.0%에서 5.0%로 1%포인트 낮아집니다.

그리고 주택 수에 따라 다르게 적용한 종합부동산세 세 부담 상한율이 150%로 일원화됩니다. 조정대상지역 2~3주택 이상 보유자는 300% 초과분만 과세를 제외했는데 이 기준을 대폭 완화한 것입니다.

또 2023년 연말정산 분부터 무주택 직장인들의 월세 지출액을 연 750만 원 한도로 세금에서 빼주는 월세 세액공제 혜택은 더욱 확대됩니다. 월세 세액공제율이 현재 최고 12%에서 최고 17%로 5%포인트(p) 상향됩니다.

소득 구간별로 보면 총급여 5,500만 원 이하면 공제율이 12%에서 17%로 올라갑니다. 총급여 5,500만~7,000만 원 이하이면

공제율이 종전 10%에서 15%로 올라갑니다.

그리고 전세 원리금 상환액 소득공제 한도도 2022년보다 100만 원 높아집니다. 무주택 근로자가 전용 85㎡ 이하 주택 전세대출 원리금을 상환 중이면 400만 원까지 소득공제를 받을 수 있습니다.

참고로 주택임대차 신고제 계도기간이 2023년 5월 31일 종료됩니다. 이에 따라 내년 6월 1일부터 신고기한 내 미신고자, 허위신고자에 대해 100만 원 이하 과태료가 부과될 수 있습니다.

또 2023년부터 투기과열지구 내 민간분양 단지에서 전용 85㎡ 이하 중소형 면적에 대한 추첨제가 신설됩니다. 전용 60㎡ 이하 주택은 '가점 40%+추첨 60%'로, 전용 60~85㎡ 주택은 '가점 70%+추첨 30%' 비율로 설정했습니다. 투기과열지구 내 전용 85㎡ 초과 중대형 평형은 '가점 80%+추첨 20%'로 가점제 비율을 높였고 조정대상지역 내 대형 면적은 '가점 50%+추첨 50%'로 조정됩니다. 비규제지역에서는 현행 규정이 유지됩니다. 전용 85㎡ 이하는 '가점 40%+ 추첨60%', 85㎡ 초과는 100% 추첨제를 적용합니다.

공공분양 중 '나눔형(시세 70% 이하 분양가+시세차익 70% 보장)'과 '선택형(임대 후 분양)'에 미혼 청년을 위한 특별공급이 신설됩니다. 주택을 소유한 적이 없는 19~39세 미혼자 중 1인 가구 월평균소득 140% 이하, 순자산 2억6,000만 원 이하면 신청할 수 있습니다. 하지만 부모의 순자산이 상위 10%(약 9억7,000만 원)에 해당하면 청약자격이 제한될 수 있습니다.

그리고 생활안정자금 목적의 주택담보대출에 적용돼왔던 별도의 대출 한도(2억 원)를 없애고, 기존의 LTV(주택담보대출비율)와 DTI(총부채상환비율) 내에서 대출을 관리합니다.

생애 최초로 집을 사면
무조건 취득세 200만 원을 감면해준다

생애 첫 주택 구입자는 소득과 주택 가격에 상관없이 200만 원 한도 내에서 취득세가 면제됩니다. 이는 2022년 6월 21일 취득분부터 소급 적용됩니다. 혜택을 받고 3개월 내 입주하지 않으면 취득세 감면분을 추징했지만, 기존 임대차 권리 관계에 따른 입주 지연을 입증할 경우 추징 대상에서 제외합니다.

종전에도 생애 최초 취득세 감면 혜택은 있었습니다. 집값이 1억5,000만 원 미만이면 취득세 완전 면제, 1억5,000만 원 초과 ~3억 원 이하(수도권은 4억 원)면 취득세 절반 면제였습니다. 부부 합산 연 소득 7,000만 원 이하라는 기준도 동시에 충족해야 했죠. 집값 폭등 탓에 지방에서도 1억 5,000만 원 미만 집을 찾기 어렵고 조건이 까다롭다는 불만이 잇따랐죠.

그래서 연 소득과 집값 기준을 아예 없앴습니다. 4억 원짜리든, 10억 원짜리든 생애 첫 주택 구입자면 똑같이 최대 200만 원까지 취득세를 감면받을 수 있도록 한 겁니다.

'200만 원' 기준은 기존에 받을 수 있었던 최대 감면 한도입니다. 너무 적다는 얘기가 당연히 나오겠죠. 지방세인 취득세를 막 깎아주면 지방 재정에 부담이 갈 수 있고, 고가주택 구매자에게 혜택이 쏠릴 수 있으므로 한도는 그대로 유지하되 수혜 대상을 넓히는 식으로 설계한 것입니다.

 부알못

취득세 감면을 받기 위해 주의할 점은 무엇이 있나요?

 택스코디

몇 가지 유의할 점이 있습니다. 생애 최초 주택 취득세 감면 혜택은 실거주자에게만 주어진다는 걸 꼭 알아야 합니다. 본인이 직접 살지 않고 전·월세를 내주거나 하면 감면 혜택을 받지 못한다는 말입니다.

 부알못

만약 본인이 실거주하겠다면서 취득세 감면을 받았는데,

3개월 내 실제 들어가 살지 않으면 어떻게 될까요?

 택스코디

지자체는 전입신고 서류를 통해 실제 거주 여부를 확인합니다. 다른 이가 사는 게 드러나면 지자체는 감면해 준 세금을 추징합니다.

 부알못

만약 본인이 새로 산 집에 들어가려고 했지만, 해당 주택에 세 들어 사는 임차인이 다른 집을 구하지 못하는 등의 사정으로 부득이 입주가 늦어지는 경우에는요?

 택스코디

이런 사유에 해당하면 취득세 감면분을 추징하지 않습니다.

이 규정은 임차인의 임대차계약 종료일을 전입 시작일로 삼습니다. 가령 10월에 집을 산 이는 규정상 3개월 뒤인 내년 1월까지 입주를 해야 하지만, 해당 집에 사는 임차인의 계약이 내년 2월 끝난다면 그날을 기준으로 3개월 뒤까지 입주를 허용한다는 말입니다.

참고로 고금리와 매출액 급감으로 상환 부담이 늘어난 차주에게도 채무조정이 적용됩니다. 6억 원 이하 주택 차주가 실직이나, 폐업, 질병 등의 이유로 대출 상환이 어려운 경우 원금 상환을 최대 3년간 유예해주는 채무조정 대상자가 탄력적으로 산정됩니다.

안심전환대출 (주택 가격 6억 원 이내·대출한도 3억6,000만 원)과 적격대출 (주택 가격 9억 원 이내·대출한도 5억 원)을 기존 보금자리론에 통합한 '특례보금자리론'이 운영됩니다. 9억 원 이하 주택 구입 시, 연 4%대 금리로 5억 원까지 대출을 받을 수 있습니다.

또 전세계약을 체결한 세입자가 임대인의 동의 없이도 미납 조세를 직접 확인할 수 있게 됩니다. 대인의 사전 동의를 얻는 때에만 부동산 소재지 관할 세무서장(국세) 및 지차제장 (지방세)에게 열람 신청이 가능했으나, 앞으로는 임차개시일 전까지 세입자가 계약서를 지참해 세무서장 등에게 열람 신청을 하면 임대인의 세금 체납 내역을 볼 수 있습니다.

다음으로 전세 사는 도중 집이 경 · 공매로 넘어가면 세금이 먼저 변제되고 남는 금액을 배분해 전세금을 돌려줬으나, 앞으로는 '국세 우선 변제 원칙'에 예외를 적용해 세입자의 확정일자 이후 법정기일이 도래하는 세금이 있다고 해도 세입자의 보증금이 먼저 변제됩니다.

구분		시행시기
세제	부동산 취득세 과세표준 실거래가로 변경	1월
	증여취득 취득세 시가인정액 적용	
	양도소득세 이월과세 5년 → 10년 기간 확대	
	월세 세액공제율 및 주택임차차입금 원리금 상환액 공제 한도 상향	
	종합부동산세 기본공제금액 상향	6월
	2주택자 종합부동산세 중과 배제	
	종합부동산세 세부담 상한율 일원화	
	생애 첫 주택구입자 취득세 감면 요건 완화	상반기
금융	청년 맞춤형 전세특례보증한도 확대	1월
	미분양 주택 PF 대출 (프로젝트 파이낸싱) 보증 지원 강화	
	생활안정·임차보증금 반환 목적 주택담보대출 규제 완화	상반기
	주택담보대출 채무조정 대상 확대	
	서민·실수요자 주거안정을 위한 특례보금자리론 출시	
청약	중소기업 장기근속자 특별공급 가점 기준 조정	1월
	무순위 청약 거주지역 요건 폐지	
	공공분양 미혼청년 특별공급 도입	상반기
	민간분양 면적에 따라 청약가점제 개편	
제도	공인중개사 손해배상 보장한도 상향 (1억 원 → 2억 원)	1월
	보유 중인 해외부동산 자료 미제출 시 과태료 부과	
	재건축 안전진단 제도 개선	
	전세사기 피해 방지 자가진단 안심전세 앱 출시	

제도	주택임대차 신고제도 계도기간 종료	6월
	지역건축안전센터 의무 지역 확대	
	아파트 관리비 공개대상 50세대 이상 공동주택으로 확대	상반기
	서울시 제로에너지건축물 의무화	연중
	임대인 미납 국세 열람제도 실효성 강화	
	임차보증금, 경·공매 시 당해세보다 우선 변제	

주택임대사업자 혜택 부활한다

　정부가 부동산 시장 연착륙을 목표로 주택임대사업을 부활시키기로 했습니다. 폐지됐던 아파트 등록임대사업이 국민주택규모인 85㎡ 이하에 한해 다시 허용되고, 양도소득세 중과배제와 종합부동산세 합산배제 등 세제 혜택도 보완됩니다.

　하지만 현실성에 대해서는 부정적인 평가가 나오기도 합니다. 당장 제시된 당근만으로는 임대사업 유인 효과를 기대하기 어려울 정도로 시장 상황이 좋지 않기 때문입니다.

　당장 신규로 아파트를 취득해 임대사업을 하기가 쉽지 않습니다. 정부는 임대사업 유인책으로 다주택자의 취득세율을 절반 이하로 낮췄고, 신규 아파트 매입임대에 대한 취득세는 최대 전액 감면하기로 했습니다.

부알못

취득세가 구체적으로 어떻게 바뀌나요?

택스코디

조정대상지역 2주택 취득세율은 8%에서 1~3%의 기본세율로, 3주택은 12%에서 6%로 인하됩니다. 법인과 4주택 이상의 취득세율도 12%에서 6%로 절반까지 낮춰집니다.

또 국민주택규모 이하 매입 임대사업자에 대해서는 50%에서 최대 100% 취득세를 감면해주는 혜택이 부활합니다.

하지만 취득세가 낮아진다고 해서 주택을 구입해 임대를 놓겠다는 수요를 기대하기는 어려워 보입니다. 주택시장에 가장 큰 영향을 주고 있는 고금리가 계속되고, 가격 하락도 더 가파르게 진행되고 있기 때문입니다.

이미 큰 폭으로 하락하고 있는 아파트값은 2023년에 더 떨어질 것이라는 예측도 나옵니다. 조정대상지역이 집중된 수도권과 서울일수록 하락 폭은 더 큽니다. 아파트, 그것도 조정대상지역의 아파트를 매입해 임대를 놓겠다는 계획을 세우는 것 자체가 쉽지 않은 환경입니다.

하지만 신규취득이 아니라 어차피 팔리지 않는 집을 보유하고 있는 다주택자라면, 그나마 장기임대로 임대를 놓는 방법을 선택하는 것이 좋습니다. 정부가 10년 이상 장기임대사업자에게 다시 종합부동산세 계산 시 합산배제하는 혜택을 주기로 했기 때문입니다.

과거 임대사업자등록을 활성화할 때보다 시장 여건은 좋지 않은데, 대책의 무게는 더 떨어진다는 문제도 있습니다. 2023년 경제정책방향에 담긴 주택임대사업자 지원방안은 2018년 9.13 대책 이전의 혜택에는 크게 못미칩니다. 9.13 대책에서 뒤집기는 했지만, 그 이전에는 임대사업자에 대해 종부세 합산배제뿐만 아니라 양도소득세에서도 장기보유특별공제 혜택과 비과세감면 혜택이 상당했습니다.

8년 의무임대 기간을 지키면 장기보유특별공제를 50% 받을 수 있었고, 10년 이상 임대하면 70%까지 공제해줬습니다. 특히 8년 이상 임대시 양도소득세를 100% 감면하는 혜택도 존재했습니다. 당시 주택 임대등록이 크게 늘었던 이유입니다.

조세특례제한법을 바꿔 장기보유특별공제 등 양도세 혜택까지 과거 수준으로 되돌리는 정도가 아니라면 임대사업으로의 유인이 쉽지 않을 것입니다. 장기적으로 보유하면서 가져가겠다는 분들도 지금 정책으로 임대등록을 시키기에는 무리가 있어 보입니다.

정부 정책에 대한 신뢰도 문제도 큽니다. 2017년 임대등록을 유도하며 세제 혜택을 쏟아냈던 정부는 불과 1년 여 만인 2018년 9.13 대책으로 혜택들을 대거 회수했습니다. 다주택자들은 임대주택 공급과 임대사업 양성화를 위해 정책 도우미로 활용됐지만, 주택 가격이 급등하자 투기꾼으로 몰리며 혜택을 토해냈습니다.

이 과정에서 결국 아파트임대가 폐지되고, 임대등록 말소까지 되는 상황까지 경험했던 다주택자들은 지금 정부가 임대사업자로 유인하려는 다주택자들과 대부분 겹칩니다. 한 차례 큰 배신을 당한 사람들이 다시 등록임대인의 길을 걸을지는 미지수입니다. 정부가 규제를 풀어줬다가 예전처럼 또 뒤집을 수도 있다는 불안감이 있는 것이 사실입니다. 불과 2~3년 전의 일이기 때문에 당장은 또 속을 수는 없다는 생각을 할 분들이 더 많을 것 같습니다.

임대주택 요건의 비현실성도 큽니다. 정부는 10년 장기임대에 대해서만 혜택을 준다는 계획입니다. 과거에는 4년, 5년, 8년의 임대사업도 혜택을 받았지만, 이제는 최소 10년 이상은 임대를 해야 혜택이 제공됩니다.

심지어 이번 대책에는 15년 이상 임대하는 경우 주택가액 요건을 더 완화하는 혜택도 제안했습니다. (의무 임대기간을 10년에서 15년으로 연장할 때는 세제 혜택을 받을 수 있는 주택의 금액 기준을 수도권 9억 원, 비수도권 6억 원으로 높일 예정입니다.)

하지만 지금처럼 시장이 급변하는 시기에는 장기임대에 대한 불안감이 더 큽니다. 장기임대로 등록하면 중간에 주택을 매각하기가 어렵기 때문입니다.

당장은 하락장이지만 10년 내에는 시장이 바뀔 수도 있는데 장기임대로 등록을 하면 뒤늦게 매각을 하고 싶어도 할 수가 없는 상황이 됩니다. 과거 임대사업자들이 세제 혜택은 적지만 4년이나 5년 임대를 선호했던 이유입니다.

더구나 임대사업 등록을 하면 임대료 인상률을 연 5% 아래로만 가져갈 수 있는 제한도 걸립니다. 당분간 지금과 같은 고금리가 계속된다고 가정하면 임대사업은 가성비가 너무 떨어지는 사업입니다. 고금리에 대출이자는 많이 나가지만 임대료는 5% 이상으로 올릴 수가 없습니다.

주택 가격 기준도 맞추기가 쉽지 않습니다. 주택임대사업자로 세제 혜택을 받으려면 국민주택규모 이하의 주택이면서 수도권은 기준시가 6억 원 이하, 지방은 기준시가 3억 원 이하의 주택을 임대해야만 합니다. 주택 공시가격이 하락하고 있지만, 당장 수도권, 특히 서울에서 공시가격 6억 원 이하의 주택을 찾기가 쉽지 않습니다. 있더라도 임대주택으로서는 매력이 떨어지는 미분양 물량일 가능성이 큽니다.

(임대사업 부활방안들은 빠르면 2023년 임시국회에서 처리될 예정인데, 그 사이 정치권 협의 과정이 어떻게 진행될지도 알 수 없습니다. 대부분 법 개정 사항들이고, 여야합의가 필요합니다.)

　민간 등록임대 제도를 복원하는 것은 주택시장의 구조적 안정화를 위해서입니다. 혜택이 늘어나면 현재 전체 임대차시장의 19%를 차지하는 등록임대 비중이 높아질 것으로 전망되고 있습니다. 현재 60%를 차지한 민간 사적임대 물량 일부가 등록임대로 전환되면 시장 안정성이 개선될 것이란 기대도 나옵니다.

[민간 등록임대 제도 복원]

구분		종전 (2020년 7월 전면 축소)	개선
단기 (4년)	건설임대	폐지	-
	매입임대	폐지	-
장기 (10년)	건설임대	존치	-
	매입임대	축소(비아파트만 허용)	복원(85㎡ 이하 아파트)

　또 전세금 반환 문제가 불거지고 있는 민간 사적임대 시장은 임차인의 알 권리 강화 등을 통해 계약 전후의 사고 위험을 최소화하기로 했습니다. 계약 전에는 임대인의 선순위 보증금과 체납 정보 등을 확인할 수 있는 권리를 신설하고, 입주 전 임대인이 담보권을 설정할 수 없는 특약을 신설했습니다.

그리고 임차인 주거 부담을 낮추기 위해 고정금리 전세자금대출 상품의 확대를 유도하고, 750만 원까지 세액공제를 받을 수 있는 월세 세액공제 대상 주택 기준은 3억 원에서 4억 원으로 확대합니다.

[민간 등록임대 추가 및 복원된 인센티브]

구분	내용
세제	– 신규 아파트(60~85㎡) 매입임대 사업자에 50~100% 취득세 감면 – 조정대상지역 내 매입임대주택 등록 시 양도세 중과배제 및 종부세 합산 배제 – 법인이 매입임대주택 등록 시 법인세 추가과세(양도차익의 20%p) 배제 – 의무임대기간 10년→15년 확대 시 세제 인센티브 주택가액 요건 추가 3억 원 완화
대출	등록임대사업자 규제지역 내 LTV 상한, 일반 다주택자보다 확대 추진

[저자와의 소통]

텍스코디

- · 메일　　guri8353@naver.com
- · 블로그　blog.naver.com/guri8353
　　　　　(택스코디의 아는 만큼 돈 버는 세금 이야기)

알면 자산이 되는
부동산 상식 사전

초판발행일 | 2023년 04월 10일

지　은　이 | 택스코디 최용규
펴　낸　이 | 배수현
표지디자인 | 유재헌
내지디자인 | 박수정
제　　　작 | 송재호
홍　　　보 | 배예영
물　　　류 | 이슬기
문　　　의 | 안미경

펴　낸　곳 | 가나북스 www.gnbooks.co.kr
출 판 등 록 | 제393-2009-000012호
전　　　화 | 031) 959-8833(代)
팩　　　스 | 031) 959-8834

ISBN　979-11-6446-066-3 (03320)

※ 가격은 뒤표지에 있습니다.
※ 잘못된 책은 구입하신 곳에서 교환해 드립니다.